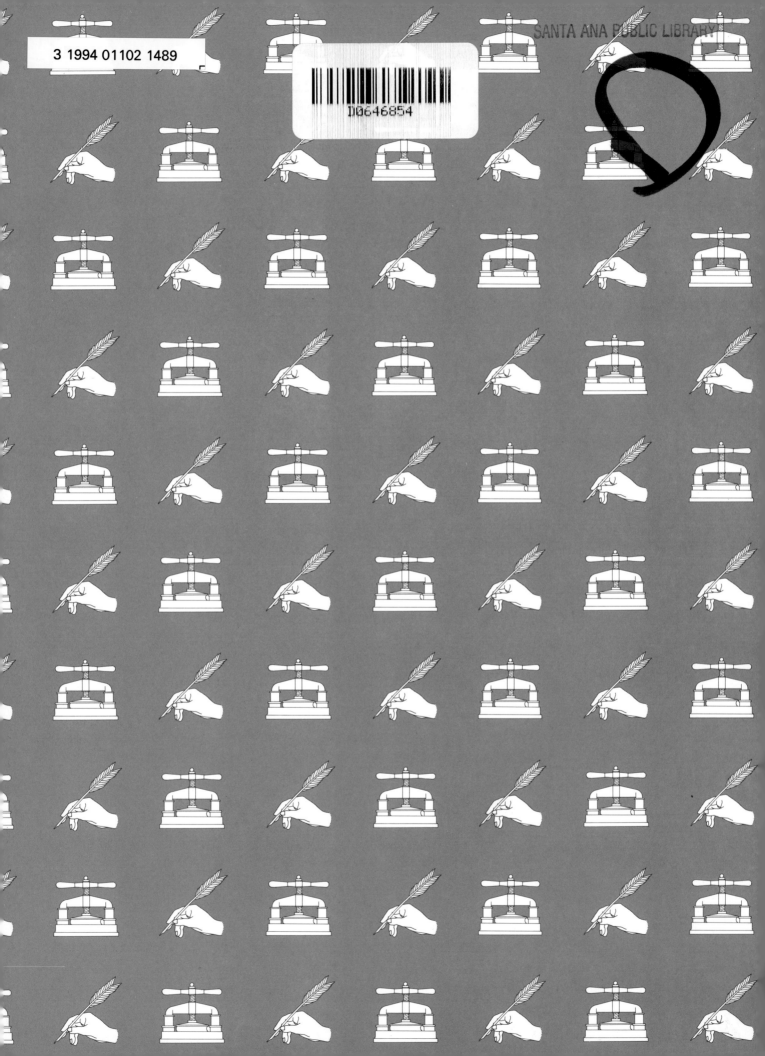

la escritura

Pluma metálica con plumilla de acero,
imitando a una pluma de ave

Pinceles
chinos
de caligrafía

Tinta china de escribir

Ceras de colores

Remington

Selección de
plumillas
de acero

Máquina
de escribir de
comienzos
del siglo XX

Plumas
y estilos
(punzones
de la Rom
clásica

Sello mesopotámico
cilíndrico y su huella

Cajita con útiles
de escribir
del siglo XVIII

BIBLIOTECA VISUAL ALTEA

la escritura

por
Karen Brookfield

Fotografías de
Laurence Pordes

Tintero
y plumas
de ave
del siglo XVII

Libro del siglo XVI encuadernado para el rey Enrique VIII

Tintero y cálamo
medievales

ALTEA

Libro tailandés
para decir la buenaventura,
de mediados del siglo XIX

Tira de
madera china

Oráculo chino
escrito
sobre hueso

Tablilla de barro
y estilo
modernos

Tablillas
de barro
antiguas

A DORLING KINDERSLEY BOOK

Consejo editorial

Londres:
Peter Kindersley, Phil Wilkinson,
Ann Cannings, Helen Parker, Julia Harris,
Céline Carez, Kathy Lockley, Catherine Semark

París:
Pierre Marchand, Jean-Olivier Héron,
Christine Baker, Anne de Bouchony,
Catherine de Sairigné-Bon

Madrid:
María José Gómez-Navarro, María Puncel

Fotografías complementarias: Geoff Dann y John Chase
del Museo de Londres

Traducido por María Barberán

Los Eyewitness Guides han sido creados por
Dorling Kindersley Limited y Ediciones Gallimard

Título original: *Eyewitness Guide.* Volume 48: Writing

Publicado originalmente en 1993 en Gran Bretaña por Dorling
Kindersley Limited, 9 Henrietta street, London WC2E 8PS

Copyright © 1993 by Dorling Kindersley Limited, Londres

© Del texto: 1993, Dorling Kindersley y The British Library Board

© 1994, Santillana, S. A. de la presente edición en lengua española
Elfo, 32. 28027 Madrid
Beazley, 3860. 1437 Buenos Aires
Aguilar, Altea, Taurus, Alfaguara, S. A. de C. V.
Av. Universidad, 767, Col. Del Valle, México, D.F. C.P. 03100
ISBN: 84-372-3780-7

Printed in Singapore by Toppan Printing Co. (S) Pte Ltd.

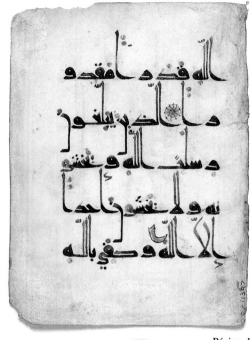

Página de
un *Qur' an*
(Corán)
en escritura
arábiga

Estilos
anglosajones
para escribir
en tablillas
enceradas

Libro inglés del siglo XVI
con encuadernación
bordada y bolsa
para el
transporte

Caja de imprenta con tipo móvil de metal

Sumario

6
¿Qué es la escritura?
8
Los primeros signos
10
Escribir con signos
12
La escritura egipcia
14
El abecedario
20
Antes del papel
22
El papel
24
Un salterio medieval
26
Los códices
30
Libros de Asia
34
Los libros islámicos
36
Los inicios de la imprenta
38
La composición

40
La impresión
42
Los primeros libros impresos
44
Las letras y sus familias
46
La encuadernación
48
Los libros ilustrados
50
Las primeras letras
52
La escritura a mano
54
Libros infantiles
56
Las palabras en acción
58
La máquina de escribir
60
El mercado del libro
62
La conservación de las palabras
64
Índice

¿Qué es la escritura?

Antes de que existiera y se desarrollara la escritura, las personas conservaban lo que sabían en la cabeza. Pero a los seres humanos les resulta difícil recordarlo todo y transmitírselo a los demás. Escribir es la manera adecuada de almacenar la información y transmitírsela a otras personas que se hallen a cierta distancia en el espacio o en el tiempo. La escritura no la inventó una persona, ni un grupo social, sino que apareció y ha ido evolucionando de modo natural en diferentes lugares y épocas, debido a la necesidad de llevar cuentas o conservar relatos y registrar acontecimientos. Ha adoptado muy diversas formas, desde la sencilla escritura pintada hasta los signos estilizados que representan los sonidos de una lengua, y se la puede encontrar en toda clase de soportes materiales, desde el papel hasta los metales y la cerámica. Hoy día, la escritura forma parte esencial de nuestra vida cotidiana, como por ejemplo la de este libro.

Desde los más remotos comienzos, la esritura fue importante para registrar datos o hechos, a fin de que las personas no dependieran solamente de su memoria. En esta tablilla de Mesopotamia, el sencillo dibujo de un animal y el signo de un número bastaban para decirle a alguien cuántos animales había.

La escritura se ha usado desde siempre para señalar la propiedad y las tierras, haciendo saber a la gente quién era el propietario. Este mojón de barro cocido lleva grabada una inscripción en lengua osca, una de las que se usaban en el centro de Italia entre los siglos IV y I a. de C.

Antes de que se inventase el papel, se empleaban materiales de toda clase para escribir. La cerámica era muy popular porque se disponía fácilmente de ella, y era barata y duradera. En este fragmento (óstracon) puede verse parte de una tragedia del autor griego Eurípides, escrita hace unos 2.000 años.

En China y Japón, muchos textos escritos se presentan en forma de un rollo como éste. La escritura china se escribe en columnas verticales que comienzan en el extremo superior derecho. En Occidente, los libros tienen una forma totalmente diferente y la escritura va de izquierda a derecha en líneas horizontales.

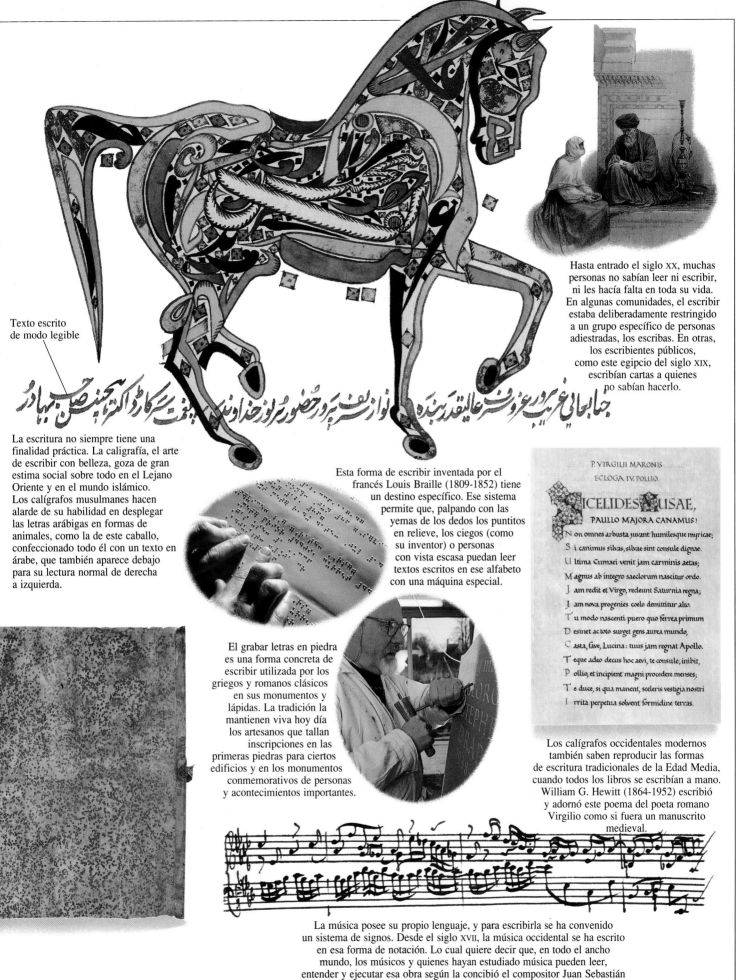

Texto escrito
de modo legible

Hasta entrado el siglo XX, muchas
personas no sabían leer ni escribir,
ni les hacía falta en toda su vida.
En algunas comunidades, el escribir
estaba deliberadamente restringido
a un grupo específico de personas
adiestradas, los escribas. En otras,
los escribientes públicos,
como este egipcio del siglo XIX,
escribían cartas a quienes
no sabían hacerlo.

La escritura no siempre tiene una
finalidad práctica. La caligrafía, el arte
de escribir con belleza, goza de gran
estima social sobre todo en el Lejano
Oriente y en el mundo islámico.
Los calígrafos musulmanes hacen
alarde de su habilidad en desplegar
las letras arábigas en formas de
animales, como la de este caballo,
confeccionado todo él con un texto en
árabe, que también aparece debajo
para su lectura normal de derecha
a izquierda.

Esta forma de escribir inventada por el
francés Louis Braille (1809-1852) tiene
un destino específico. Ese sistema
permite que, palpando con las
yemas de los dedos los puntitos
en relieve, los ciegos (como
su inventor) o personas
con vista escasa puedan leer
textos escritos en ese alfabeto
con una máquina especial.

P. VIRGILII MARONIS
ECLOGA IV. POLLIO.

SICELIDES MUSAE,
PAULLO MAJORA CANAMUS!

Non omnes arbusta juvant humilesque myricae;
Si canimus silvas, silvae sint consule dignae;
Ultima Cumaei venit jam carminis aetas;
Magnus ab integro saeclorum nascitur ordo.
Jam redit et Virgo, redeunt Saturnia regna;
Jam nova progenies coelo demittitur alto.
Tu modo nascenti puero quo ferrea primum
Desinet ac toto surget gens aurea mundo,
Casta, fave, Lucina: tuus jam regnat Apollo.
Teque adeo decus hoc aevi, te consule, inibit,
Pollio, et incipient magni procedere menses;
Te duce, si qua manent, sceleris vestigia nostri
Irrita perpetua solvent formidine terras.

El grabar letras en piedra
es una forma concreta de
escribir utilizada por los
griegos y romanos clásicos
en sus monumentos y
lápidas. La tradición la
mantienen viva hoy día
los artesanos que tallan
inscripciones en las
primeras piedras para ciertos
edificios y en los monumentos
conmemorativos de personas
y acontecimientos importantes.

Los calígrafos occidentales modernos
también saben reproducir las formas
de escritura tradicionales de la Edad Media,
cuando todos los libros se escribían a mano.
William G. Hewitt (1864-1952) escribió
y adornó este poema del poeta romano
Virgilio como si fuera un manuscrito
medieval.

La música posee su propio lenguaje, y para escribirla se ha convenido
un sistema de signos. Desde el siglo XVII, la música occidental se ha escrito
en esa forma de notación. Lo cual quiere decir que, en todo el ancho
mundo, los músicos y quienes hayan estudiado música pueden leer,
entender y ejecutar esa obra según la concibió el compositor Juan Sebastián
Bach (1685-1750).

Los primeros signos

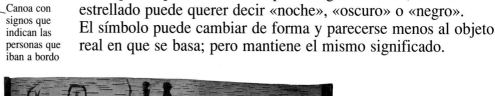

LAS FORMAS MÁS TEMPRANAS DE ESCRIBIR consistían en conjuntos de dibujos de personas, animales y objetos cotidianos. Esos signos se llaman pictogramas, y los más antiguos conocidos datan de hacia el año 3000 a. de C. Para leer esa escritura no se necesita hablar la misma lengua que la persona que escribió los pictogramas: basta con descifrar los símbolos; pero es fácil equivocarse al interpretar el mensaje o el relato. Para recoger y transmitir información más complicada, los grupos sociales inventaron ideogramas, símbolos que representan ideas abstractas. Por ejemplo, el dibujo de un par de piernas andando puede significar «ir»; un cielo estrellado puede querer decir «noche», «oscuro» o «negro». El símbolo puede cambiar de forma y parecerse menos al objeto real en que se basa; pero mantiene el mismo significado.

Algunos pueblos prehistóricos realizaron hermosas pinturas de animales, personas y formas abstractas en los muros y techos de sus cuevas. Los que vemos representan animales muertos en la caza y pueden ser también una forma muy temprana de escritura pictórica.

Canoa con signos que indican las personas que iban a bordo

Esta inscripción rupestre (en la roca), de América del Norte, dice que un jefe llamado Myengun salió de expedición con su gente en cinco canoas. El viaje duró tres días (tres soles bajo un cielo curvado). El águila es símbolo del valor, y las demás figuras representan los espíritus animales que protegían al jefe durante su viaje.

Los pueblos aborígenes del norte de América, como los ojibwa del sur de los Grandes Lagos, confeccionaban rollos en los que se recogían los relatos tradicionales. Éste pertenecía a un jefe llamado Bad Boy.

Los pueblos indos del norte de la India y el Pakistán establecieron un sistema de escritura hace más de 4.000 años, que todavía no ha podido ser descifrado (izquierda y derecha). Parece tener más de 400 signos diferentes, que se usaron para inscripciones en sellos como éste. Los signos son en su mayoría pictogramas, pero algunos son probablemente nombres de personas o lugares.

Sello indo

Toro

Signos

En la antigua Mesopotamia (moderno Irak), las personas delimitaban su propiedad con sellos cilíndricos que se aplicaban en arcilla húmeda para dejar su huella (véase abajo). En un sello personal, los dibujos eran como una firma. Los mercaderes también usaban sellos, porque era un modo rápido y fácil de firmar contratos. La escritura mesopotámica, además, era complicada y la empleaban casi solamente los escribas especialmente adiestrados.

Impresión   Cabra

Sello hecho de yeso cristalizado

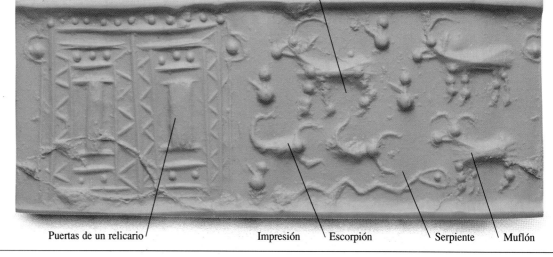

Puertas de un relicario   Impresión   Escorpión   Serpiente   Muflón

En esta tablilla vemos un ejemplo muy temprano de escritura mesopotámica, de hace lo menos 4.000 años. Puede haber servido para anotar cuentas, porque lleva el pictograma de un animal con un número encima.

Los sumerios de Mesopotamia inventaron probablemente la escritura cuneiforme hace unos 5.000 años. Al cabo de un tiempo, sus pictogramas originarios se escribían atravesados y fueron simplificados gradualmente, hasta formar grupos de rasgos en forma de cuñas.

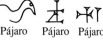

Pájaro	Pájaro	Pájaro
Agua	Agua	Agua
Buey	Buey	Buey

Estos dibujos de caracteres cuneiformes muestran cómo evolucionaron desde los pictogramas hasta los símbolos estilizados.

Estilo de caña

Los antiguos pueblos del Oriente Medio usaban un estilo de caña *(derecha)* para escribir en tablillas de arcilla blanda. La manera en que tallaban la punta de las cañas determinaba la forma de las huellas que dejaba. Cuando las tablillas se secaban al sol, se endurecían y conservaban lo escrito.

Tablilla de arcilla

Estilo de punta cuadrada que dejaba huellas triangulares.

Al comienzo existían unos 2.000 caracteres cuneiformes, pero luego el número se redujo a unos 800, de los que solamente unos 200 a 300 eran de uso constante. También cambiaron de escribirse en columnas a escribirse en líneas que se leían de izquierda a derecha. Lo escrito en la vasija de barro cocido *(abajo)* relata una larga disputa de límites entre las ciudades de Lagash y Unma, hace más de 4.000 años.

La escritura cuneiforme era una forma de escribir adaptable, utilizada por diversos pueblos con diferentes lenguas. Los signos podían disponerse de varias maneras para escribir lenguas como el acadio, el persa antiguo o el elamita, así como el sumerio, en el que está redactado este texto.

Signo para cerveza

En esta tablilla, el pictograma que significa cerveza es una jarra en vertical, con base picuda. Por lo general, era difícil dibujar signos curvos en la arcilla con un estilo de caña, por lo cual los signos evolucionaron a cuñas o triángulos de lados cortos y rectos. La palabra cuneiforme viene de *cuneus,* el nombre latino de la cuña.

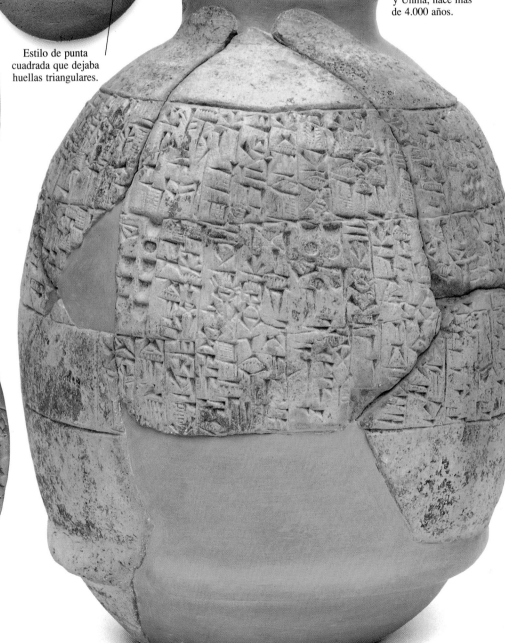

Escribir con signos

APROXIMADAMENTE POR EL MISMO TIEMPO en que los pueblos de las comarcas del Mediterráneo oriental estaban desarrollando los jeroglíficos y la escritura cuneiforme, los chinos estaban creando una manera de escribir propia. La escritura china se basa en una compleja combinación de pictogramas, ideogramas y signos que indican sonidos. En total son más de 50.000 signos, pero afortunadamente para los niños chinos, y para los extranjeros que aprenden esa lengua, basta con unos pocos millares para la vida cotidiana.

Antiguo   Moderno
Niño

Antiguo   Moderno
Árbol

Los pictogramas originarios pueden reconocerse en algunos de los caracteres modernos.

Eléctrico + sombra = Cine

Una idea nueva necesita un signo chino nuevo: a veces, una combinación de caracteres existentes.

Dice una leyenda china que la escritura fue inventada por Cang Yie, funcionario del mítico Emperador Amarillo, hace unos 4.000 años. Creó los signos tras observar las formas de las huellas que dejaban en el suelo las aves y otros animales.

Debido a que el sistema allí utilizado ha cambiado muy poco a lo largo de sus 4.000 años de existencia, los chinos pueden hoy leer textos antiguos sin gran dificultad.
La escritura de algunas civilizaciones antiguas sigue siendo un misterio para nosotros, a pesar de los esfuerzos de muchos estudiosos para descifrar los textos que se conservan. Puede llevar años de ardua labor el hacerse con la clave de un sistema que a primera vista parece una simple escritura de imágenes.

Los habitantes de la isla de Creta utilizaron tres sistemas diferentes de escritura hace más de 3.000 años. Sólo ha sido descifrado el más evolucionado, conocido por Lineal B. Consta de ideogramas, números y signos para las sílabas de la lengua griega.

La escritura cretense era desconocida hasta que los arqueólogos comenzaron las excavaciones a comienzos del siglo XX. Las tablillas de arcilla con inscripciones en Lineal B fueron descubiertas en el gran palacio de Knossos.

Pelo de cabra

Pelo de lobo

Tablilla de madera para posar los pinceles

Aunque este disco de arcilla se encontró en Faistos, en Creta, no tiene nada que ver con el Lineal B. Los pictogramas se parecen en cierto modo a los jeroglíficos, pero no se ha descubierto ninguna otra escritura igual: probablemente, los cretenses se llevaron el disco a su isla al regreso de algún viaje comercial por el Mediterráneo occidental.

El Lineal B fue descifrado por un joven inglés llamado Michael Ventris. Dedicó todo el tiempo disponible que su trabajo de arquitecto le dejaba para demostrar que esa escritura se utilizaba para plasmar una forma temprana de griego.

Los calígrafos chinos perfilan unos rasgos graciosos y airosos con pinceles hechos de pelo de animales atados con una hebra de seda, que luego se sujetan en una caña hueca de bambú. Los niños chinos se pasan mucho tiempo copiando caracteres, hasta que llegan a escribir con rapidez y limpieza.

Los caracteres chinos están formados por 26 trazos diferentes que han de escribirse en el orden debido. Este carácter, Yong, que significa «eterno», es el modelo para practicar los cinco trazos básicos. Se dice que un célebre calígrafo llamado Wang Xizhi pasó 15 años perfeccionando el Yong.

Primer trazo

Segundo trazo

Tercer trazo

Caracteres antiguos

Cuarto trazo

Quinto trazo

Tinta negra

Hace unos 2.000 años, los funcionarios gubernamentales chinos utilizaban tiras de madera como la que vemos a la izquierda para llevar sus registros. Los caracteres parecen diferentes de los modernos, pero todavía pueden leerse. Están grabados en la madera con un estilete o una navajilla. En esta tira de madera pueden leerse las reglas acerca de qué grados de soldados podían llevar mensajes o grano.

Caracteres grabados en el hueso

Algunos de los escritos antiguos chinos eran de oráculos (intentos de predecir el porvenir). Se aplicaba un atizador caliente a un hueso de animal, para hacer que se rajara, y un adivino interpretaba las hendiduras, igual que hoy la gente lee los posos del té (o del café). Las predicciones acerca de la lluvia, la cosecha o la mudanza de hogar se grababan en el hueso y hoy todavía se pueden leer.

Los hititas, pueblo de parte de Turquía y Siria, utilizaban dos escrituras: la babilonia cuneiforme y sus propios pictogramas. Antes de extinguirse su cultura, también establecieron signos para los sonidos de su lenguaje.

Los mayas, que vivieron en Centroamérica desde el siglo V a. de C. hasta el siglo XII d. de C., tuvieron dos sistemas de escritura para usar en diferentes materiales. El uno se grababa en piedra o en jade; el otro se escribía en cortezas de árbol o en pieles de animales. Sus signos son pictogramas dentro de cuadrados de esquinas redondeadas o en óvalos.

Los mejores materiales para escribir en ellos son los baratos, fácilmente disponibles y que no necesitan apenas preparación especial. Al comienzo, los chinos escribían en madera, en bambú y en huesos de animales como el de la izquierda. Luego, usaron piezas de seda u hojas de papel, que guardaban en rollos sujetos con cintas.

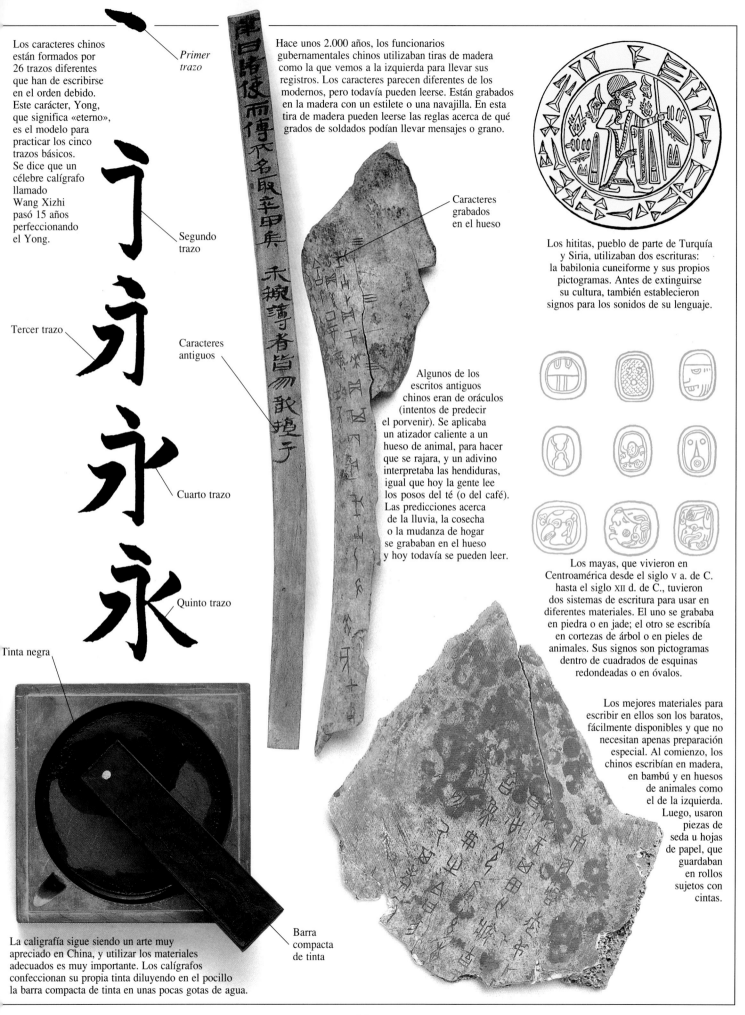

La caligrafía sigue siendo un arte muy apreciado en China, y utilizar los materiales adecuados es muy importante. Los calígrafos confeccionan su propia tinta diluyendo en el pocillo la barra compacta de tinta en unas pocas gotas de agua.

Barra compacta de tinta

La escritura egipcia

LOS EGIPCIOS INVENTARON hace unos 5.000 años una forma de escribir con dibujitos. Se los denomina jeroglíficos, por dos palabras griegas que significan «grabados sagrados», porque se utilizaban en los templos, en las tumbas y en otros monumentos oficiales. A primera vista, los jeroglíficos parecen simples pictogramas, porque en ellos hay muchas aves, partes del cuerpo y objetos de uso diario. Pero pasaron a formar un complejo sistema donde un jeroglífico puede representar toda una palabra de la lengua egipcia o solamente un sonido. Con lo cual, algunos jeroglíficos son semejantes a las letras de un alfabeto. Escribir jeroglíficos era una labor lenta, debido a lo cual se fue desarrollando gradualmente otra forma de escritura, llamada hierática, y después, otra más rápida, llamada demótica. Al final de la civilización egipcia, los griegos gobernaban en Egipto, con lo cual los escribas tuvieron que aprender a escribir de manera diferente, con las letras del alfabeto griego.

Si no fuera por esta piedra, no sabríamos leer jeroglíficos. Contiene un decreto del faraón egipcio Epífanes V (siglo II a. de. C.) en un texto grabado en tres escrituras diferentes: jeroglífica, demótica y griega, de arriba abajo. Un francés, Jean-François Champollion, logró descifrar en 1822 los jeroglíficos comparando los nombres regios en las tres escrituras y sacando de sus conocimientos de griego lo que los otros símbolos querían decir.

La escritura era practicada en Egipto por personas muy cualificadas, los escribas profesionales, instruidos para ello. Se les recompensaba con una elevada posición en la sociedad y con privilegios específicos, como la exención de impuestos. Este escriba está sentado en la postura tradicional para escribir.

Rollo de papiro

Esta etiqueta de madera se sujetaba a una momia, para identificarla. La escritura es demótica, que siempre se escribía de derecha a izquierda. El demótico deriva de los jeroglíficos, pero es casi imposible verles ningún parecido.

Tintero medio lleno de tinta negra

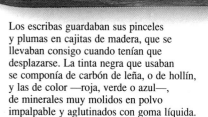

Los escribas guardaban sus pinceles y plumas en cajitas de madera, que se llevaban consigo cuando tenían que desplazarse. La tinta negra que usaban se componía de carbón de leña, o de hollín, y las de color —roja, verde o azul—, de minerales muy molidos en polvo impalpable y aglutinados con goma líquida.

Los nombres de los faraones y faraonas siempre iban encerrados en unos óvalos llamados cartuchos, cuando iban escritos en jeroglíficos.

Cartucho

Jeroglíficos

Texto hierático

Los aprendices de escribas practicaban dibujando jeroglíficos en trozos de cerámica o láminas de una piedra sedimentaria marina llamada óstracon (pl. óstraca), que eran más baratas, ya que no necesitaban preparación. A pesar del rigor y la larga duración de su adiestramiento, en sus ratos libres tenían el humor de divertirse dibujando alguno de los más complicados jeroglíficos. Este patito era el signo de la palabra «primer ministro».

En los muros de los templos, los jeroglíficos podían tallarse directamente en la piedra, como este chacal.

Los escribas necesitaban para escribir las cartas y los contratos una forma más rápida que los jeroglíficos. Los complicados animales, pájaros y objetos fueron simplificados, pasando a ser figuras más abstractas en una escritura más fluida llamada hierática, que se escribía siempre de derecha a izquierda. En este papiro se utilizó la escritura hierática para el texto principal de la izquierda, mientras que los jeroglíficos se usaron encima de la figura de un sumo sacerdote haciendo una ofrenda al dios Osiris.

Águila

Caña

Brazo

Doble caña

Pollito

Pierna

Postigo

Caracol

Búho

Agua

Boca

León

Para escribir en los rollos de papiro, los escribas utilizaban finos pinceles de caña o cálamos. Las cañas se cortaban y se les hacía una hendidura en la punta para que tomasen algo de tinta. El cálamo fue introducido en Egipto por los griegos. En las paredes de los templos o en las estatuas, los jeroglíficos se escribían con gruesos pinceles hechos de fibra de papiro.

Los jeroglíficos podían representar un sonido, o toda una palabra. Por ejemplo, el signo de la boca representaba el sonido «r», y el símbolo de la pierna valía por el sonido «b».

El abecedario

EL ALFABETO ES LA BASE DE UN SISTEMA de escritura diferente de los pictogramas o los ideogramas. Una letra representa un sonido en una lengua, y las letras se combinan para formar palabras. Hoy día, la mayoría de las personas de todo el mundo utilizan alfabetos para escribir, con preferencia a otra forma de escritura. El alfabeto es probablemente la manera más rápida y eficaz de escribir. En cualquier idioma moderno, basta con menos de 30 letras para formar todas las palabras del diccionario. Por otro lado, el alfabeto es más fácil de aprender que los 800 signos cuneiformes o los varios millares de caracteres chinos. No sabemos exactamente cómo ni cuándo se estableció el alfabeto, pero probablemente fue inventado por gentes que vivían en Siria y Palestina hace unos 3.600 años. La idea fue transmitida por los mercaderes, y diversos pueblos crearon alfabetos para sus propias lenguas. Eso llevó a una dilatada familia de alfabetos, entre ellos el griego, el cirílico y el romano, que se usan en la actualidad para todas las lenguas de la Europa occidental.

Los pobladores de Ugarit (en la Siria moderna) establecieron un alfabeto para recoger los sonidos de su lengua y utilizaron la escritura cuneiforme para plasmarlo. Ese alfabeto ugarítico tiene treinta letras y un signo especial para separar una palabra de la siguiente. Las excavaciones descubrieron en 1929 en Ugarit ejemplos de la escritura de hace más de 3.000 años, entre ellos esta tablilla, que es el ejemplo más temprano de abecedario del mundo.

Los fenicios procedían de lo que hoy es Siria y el Líbano, y eran grandes marinos y mercaderes. Su alfabeto (abajo) tenía 22 letras y, al igual que otros alfabetos del mismo origen semítico, prescinde de las vocales de la lengua. Influyó en el desarrollo de los demás alfabetos de los países donde iban los fenicios a comerciar.

Los precedentes más tempranos del alfabeto que utilizamos son los alfabetos creados por los pueblos de las orillas orientales del Mediterráneo. Esos pueblos probablemente conocían otras formas de escritura utilizadas en los países de los alrededores, pero el alfabeto parece haber sido invención propia suya. Establecieron letras para todos los sonidos consonantes, pero no para los sonidos vocales: éstas tenían que ir poniéndolas la persona que leía el texto. Esta esfinge de piedra arenisca, de hace 3.600 años, lleva inscripciones en uno de esos alfabetos semíticos tempranos.

Inscripción del nombre de la diosa Ba'alat

Los griegos aprendieron el arte de escribir de los fenicios con quienes comerciaban, probablemente hace unos 2.800 años. Afinaron la forma de algunas letras fenicias, cambiaron algunas de las consonantes fenicias en vocales para acomodarlas a su propia lengua y añadieron otras letras para los sonidos que la lengua fenicia no tenía.

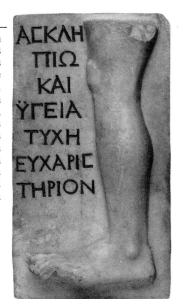

ΑΣΚΛΗ
ΠΙΩ
ΚΑΙ
ῨΓΕΙΑ
ΤΥΧΗ
ΕΥΧΑΡΙΣ
ΤΗΡΙΟΝ

Al comienzo, los griegos escribían en casi todas las direcciones, hasta en espiral, como en este escrito de la izquierda. Estas letras se parecen más a las fenicias que a las griegas más posteriores y la inscripción se lee desde el exterior hacia el centro. El alfabeto creado por los griegos estableció el escribir de derecha a izquierda e introdujo los espacios entre las palabras, así como la puntuación.

ΒΑΣΙΛΕΥΣΑΛΕΞΑΝΔΡΟΣ
ΑΝΕΘΗΚΕΤΟΝΝΑΟΝ
ΑΘΗΝΑΙΗΙΠΟΛΙΑΔΙ

Esta inscripción griega procede de un templo de Prienne (Asia Menor). Las letras estaban grabadas en la piedra, con muchos trazos rematados por cortas rayas de adorno al través, llamadas patillas.

Letras grabadas

MENRFA

TURAN

El etrusco se escribía de derecha a izquierda. Se pueden leer las inscripciones porque las letras son similares a las nuestras, pero no sabemos lo que significan todas las palabras.

Alrededor del año 700 a. de C., los griegos llevaron su alfabeto a Italia, donde lo adoptaron y modificaron los etruscos. Breves inscripciones etruscas han sido halladas en espejos y otros objetos como esta moneda de oro.

וכיריחילמלךבכלהעלים
מעליכםוהנגימעוהנאס
יהוהוהשבתיםאלהעיר
הזאתונלחמועליהולכדוה
ושרפהכאשואתער

Esta escritura ha estado en uso durante cerca de 2.400 años sin apenas cambios. Las letras van escritas en un marco rectangular invisible, lo que hace que sean muy parecidas. Un sistema para añadir vocales, en forma de signos diacríticos (puntos o rayas) encima o debajo de la línea, se estableció cuando el hebreo bíblico se extinguió como lengua hablada, y se temía que nadie sabría ya pronunciar debidamente lo escrito sólo con consonantes.

Los escribas eran indispensables para que el dilatado Imperio Romano funcionase como es debido, pero no gozaban del elevado rango social de los escribas de Egipto o Mesopotamia. Muchos eran esclavos de origen griego. Los ciudadanos cultos de Roma sabían leer y escribir en latín y en griego.

ɈOᗷ∀Wᗺ.Ɔ∀ꓘ∀ᗺ⊕Ɬꓱ∃ᖷꓷꓱWᗺᗺꓷ∃∀Oᛁ∀WꟼᗺᗺWᗺⵊOᛁ

Al principio, las letras romanas eran similares a las etruscas y las griegas, y se escribían de derecha a izquierda, como en la inscripción latina de arriba, muy antigua. Las formas fueron cambiando; los rasgos rectos pasaron a curvos y se invirtió la dirección de la escritura.

Estilo afilado

Pluma de bronce

Punta para escribir

Los romanos escribían en tablillas recubiertas de cera, como la que sujeta esta figurilla de terracota. También usaban óstraca (págs. 6-7) y papiros (págs. 20-21). El papiro tenía que importarse de Egipto, y se utilizó tanto que llegó a escasear y hubo que buscar nuevos materiales.

Cálamo

Extremo plano, para borrar

Además de las plumas para escribir en papiro, los romanos utilizaron un estilo de metal para escribir las palabras en la cera blanda de una tablilla. Cuando ya no necesitaban lo escrito, lo borraban con el extremo plano del estilo y volvían a utilizar la tablilla.

Fenicio	Hebreo moderno	Griego arcaico	Griego clásico	Etrusco	Romano clásico	Romano moderno
𐤀	א	∧	A	A	A	A
𐤁	ב	B	B	B	B	B
𐤂	ג	˥	Γ	Γ	C	C
𐤃	ד	Δ	Δ	∩	D	D
𐤄	ה	∃	E	∃	E	E
𐤅	ו	˥		⊿	F	F
					G	G
I	י	I	I	Z	I	
𐤇	ח	⊟	H	𐌇	H	H
⊗	ט	⊗	θ	⊗		
Z	י	⟨	I	I	I	I
						J
Y	כ	⫞	K	ꓘ	K	K
∟	ל	ʌ	∧	⅃	L	L
⌁	מ	⋏	M	⋎	M	M
Ч	נ	⋎	N	⋎	N	N
𐤎	ס		Ξ	⊞		
O	ע	O	O	O	O	O
⌐	פ	˥	Π	˥	P	P
ⱳ	צ	M		M		
φ	ק	φ		φ	Q	Q
⟨	ר	⟨	P	⟨	R	R
W	ש	⟨	Σ	⟨	S	S
✝	ת	X	T	T	T	T
						U
			Y		V	V
						W
			φ			
			X		X	X
			Ψ			
			Ω			
					Y	Y
					Z	Z

Cuando los romanos conquistaron a los etruscos, se apropiaron de su alfabeto y lo adaptaron a su propia lengua. Descartaron algunas letras que los etruscos habían tomado de los griegos y añadieron otras nuevas. El alfabeto romano es hoy día esencialmente el mismo que el de hace 2.000 años.

Al igual que otros pueblos, los romanos hacían su tinta con hollín aglutinado con goma líquida y diluida en agua.

Los escritores romanos guardaban la tinta en tinteros de arcilla vidriada o de piedra.

La talla de inscripciones en piedras requiere cuidadosas operaciones para asegurarse de que todas las letras van a caber en ella y debidamente espaciadas. Los artesanos romanos usaban una escuadra como la de la derecha para escribir con los renglones bien alineados.

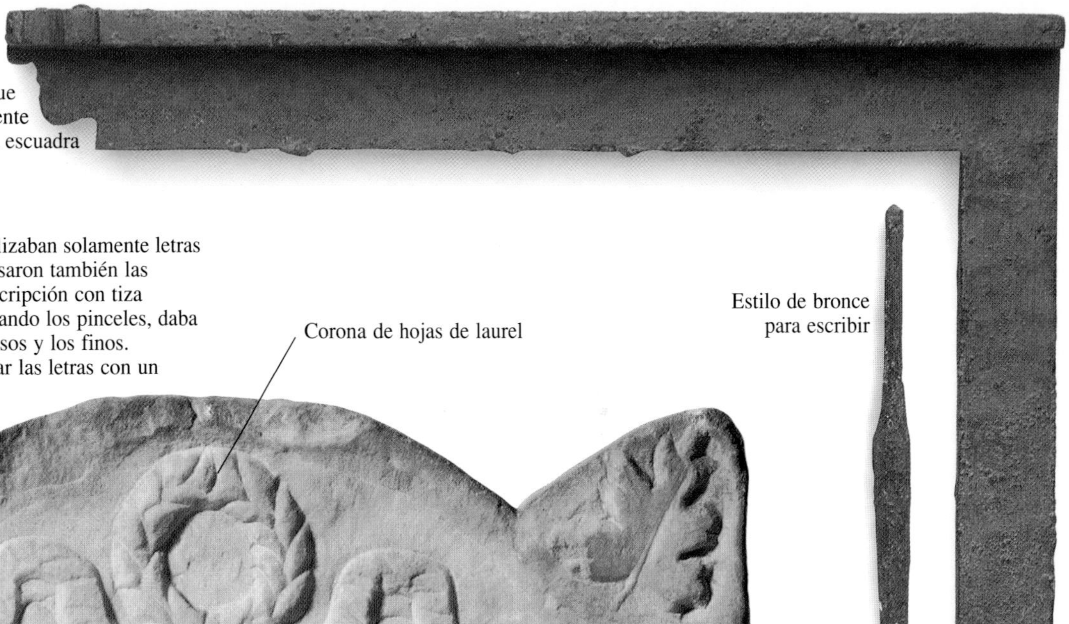

En las inscripciones en piedra, los romanos utilizaban solamente letras mayúsculas, aunque en la escritura cotidiana usaron también las minúsculas. El lapidario trazaba primero la inscripción con tiza y luego rotulaba las letras con pinceles. Manejando los pinceles, daba su forma a las letras y dibujaba los trazos gruesos y los finos. El marmolista seguía las líneas trazadas al tallar las letras con un cincel de hierro templado.

Corona de hojas de laurel

Estilo de bronce para escribir

Letra M tallada

Trazos gruesos y finos

Cada letra va encerrada en un cuadro o un círculo invisible a fin de que los caracteres sean uniformes. Los romanos utilizaban compases para tomar medidas y trazar círculos. A veces pueden verse huellas de la punta del compás en las letras redondas.

Esta escritura antigua arábiga del sur se utilizó en diversas comarcas del Oriente Medio entre el año 500 a. de C. y el 600 d. de C., cuando se extinguió. No sobreviven muchos ejemplos, pero hay inscripciones en monumentos y en tablillas como ésta. Esa escritura constaba de 29 letras que representaban sólo sonidos consonantes. Una versión de ese alfabeto evolucionó para dar el etiópico clásico y la escritura amárica moderna de Etiopía.

Inscripción rúnica

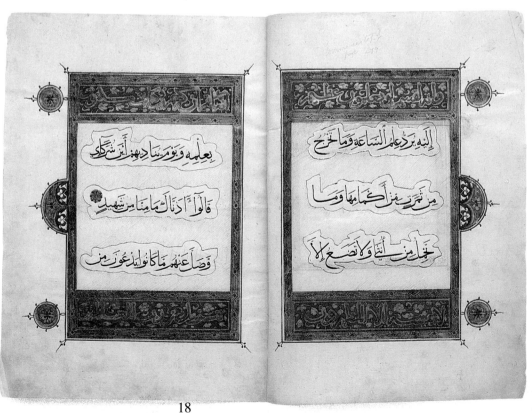

Las runas fueron utilizadas por los pueblos escandinavos y germánicos entre los años 200 y 1200 d. de C. Su alfabeto contenía por lo general 24 letras, pero los anglosajones, que lo utilizaron en Inglaterra, añadieron letras suplementarias para los sonidos propios de su lengua. Los caracteres angulares tienen muy pocas curvas, probablemente porque al principio se grababan en madera o hueso, y tallar curvas hubiera sido difícil. Las inscripciones rúnicas han sido halladas en sepulcros, armas, dijes y otros objetos, como esta arquilla de barbas de ballena confeccionada hace unos 1.300 años.

Estos escribas usaban la escritura arábiga, que va de derecha a izquierda y que probablemente comenzó a emplearse a finales del siglo IV. Se ha difundido mucho más con la revelación de la fe islámica tres siglos después (págs. 34-35).

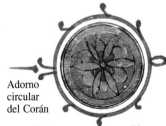

Adorno circular del Corán

Aunque parecen muy diferentes los alfabetos romano, hebreo y arábigo, a los tres se les puede seguir la pista hasta los tempranos orígenes de la escritura. El hebreo, como el arábigo, comenzó siendo escritura de consonantes: se suponía que los lectores añadían las vocales al leer. Luego, se fueron indicando las vocales en forma de puntos o rayas encima o debajo de las consonantes.

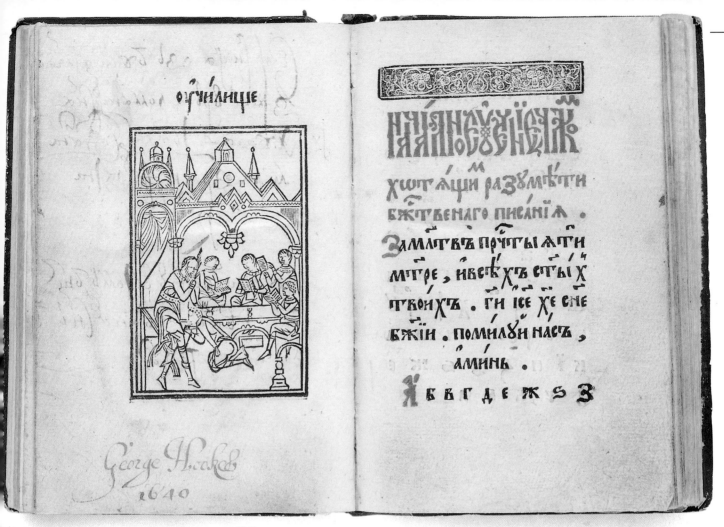

ОУЧИЛИЩЕ

George Н....ов
1640

El alfabeto cirílico usado en Rusia se llama así por san Cirilo, que predicó el cristianismo a los pueblos eslavos. Este libro es un método para aprender el eslavón eclesiástico antiguo, forma arcaica de la lengua rusa. Entonces no se imprimían gramáticas de ruso moderno y los estudiantes utilizaban estos libros para aprender el ruso.

La franja decorativa de la cabecera de la página se imprimía usando un bloque de madera tallada.

А	Л	Ч
Б	М	Ш
В	Н	Щ
Г	О	Ъ
Д	П	Ы
Е	Р	Ь
Ж	С	Ѣ
З	Т	Ю
И	У	Я
І	Ф	Ѳ
Й	Х	Ѵ
К	Ц	

La cabecera de la página del manual de eslavón eclesiástico antiguo está caligrafiada en una escritura llamada *viaz'*, que apareció debido a la costumbre de escribir en los manuscritos la primera línea del texto en caracteres mayores que los demás. Las letras se juntan y entrelazan formando un bloque decorativo.

D	R	T	Ꙉ	О°	i
Ꙃ	Ᏽ	У	А	J	Ᏼ
Ꮺ	Ᏼ	Ᏸ	Ꮒ	Ᏻ	
W	Ꮝ	Ꮢ	Ꮬ	М	Ꮖ
Ꮞ	Ю	Ꮒ	Ᏽ	У	

Las letras cirílicas originarias se basaban en la escritura uncial griega de tiempos de san Cirilo, el siglo IX d. de C. Algunos pueblos eslavos (no todos) adoptaron el alfabeto cirílico: principalmente, Rusia, Bulgaria y Serbia.

En el siglo XIX se inventaron unos cuantos alfabetos para lenguas que anteriormente no se habían escrito; entre ellas, lenguas africanas y de pueblos indígenas del norte de América. Un *cherokee* llamado Sikwayi inventó este alfabeto para su lengua entre 1820 y 1824. Éstas son algunas de sus 85 letras.

Al igual que los *cherokees*, otros pueblos indígenas americanos, como los *crees*, inventaron nuevos alfabetos.

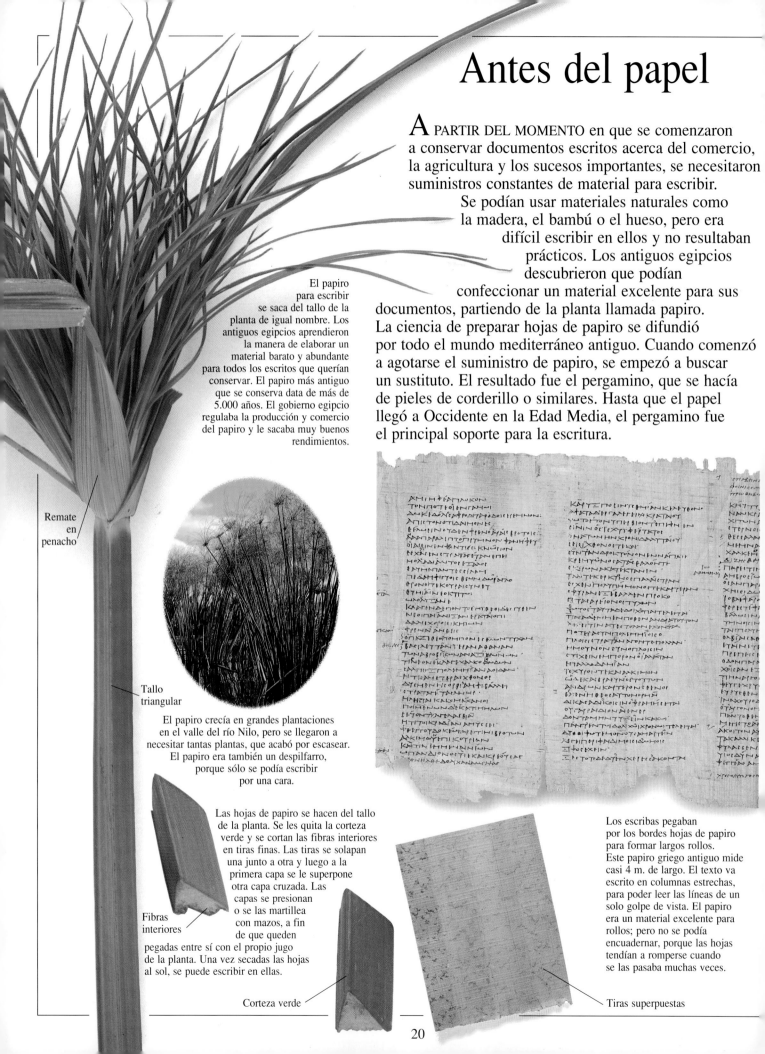

Antes del papel

A PARTIR DEL MOMENTO en que se comenzaron a conservar documentos escritos acerca del comercio, la agricultura y los sucesos importantes, se necesitaron suministros constantes de material para escribir. Se podían usar materiales naturales como la madera, el bambú o el hueso, pero era difícil escribir en ellos y no resultaban prácticos. Los antiguos egipcios descubrieron que podían confeccionar un material excelente para sus documentos, partiendo de la planta llamada papiro. La ciencia de preparar hojas de papiro se difundió por todo el mundo mediterráneo antiguo. Cuando comenzó a agotarse el suministro de papiro, se empezó a buscar un sustituto. El resultado fue el pergamino, que se hacía de pieles de corderillo o similares. Hasta que el papel llegó a Occidente en la Edad Media, el pergamino fue el principal soporte para la escritura.

El papiro para escribir se saca del tallo de la planta de igual nombre. Los antiguos egipcios aprendieron la manera de elaborar un material barato y abundante para todos los escritos que querían conservar. El papiro más antiguo que se conserva data de más de 5.000 años. El gobierno egipcio regulaba la producción y comercio del papiro y le sacaba muy buenos rendimientos.

Remate en penacho

Tallo triangular

El papiro crecía en grandes plantaciones en el valle del río Nilo, pero se llegaron a necesitar tantas plantas, que acabó por escasear. El papiro era también un despilfarro, porque sólo se podía escribir por una cara.

Las hojas de papiro se hacen del tallo de la planta. Se les quita la corteza verde y se cortan las fibras interiores en tiras finas. Las tiras se solapan una junto a otra y luego a la primera capa se le superpone otra capa cruzada. Las capas se presionan o se las martillea con mazos, a fin de que queden pegadas entre sí con el propio jugo de la planta. Una vez secadas las hojas al sol, se puede escribir en ellas.

Fibras interiores

Corteza verde

Los escribas pegaban por los bordes hojas de papiro para formar largos rollos. Este papiro griego antiguo mide casi 4 m. de largo. El texto va escrito en columnas estrechas, para poder leer las líneas de un solo golpe de vista. El papiro era un material excelente para rollos; pero no se podía encuadernar, porque las hojas tendían a romperse cuando se las pasaba muchas veces.

Tiras superpuestas

Para preparar un pergamino, la piel se lava bien con agua clara y luego se sumerge en agua de cal durante más de diez días. Se raen bien las dos caras para eliminar el pelo, las membranas y restos de carne, y se vuelve a poner a remojo; luego se tensa en un bastidor, se la vuelve a raer con esa cuchilla curva y se alisa con piedra pómez. Para poder escribir en ella, sólo falta pulirla y aplicarle una capa de almidón.

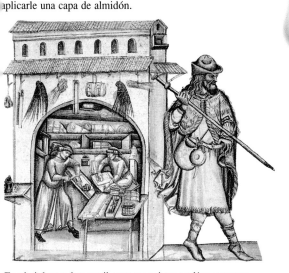

En el siglo XV, los escribanos y copistas podían comprar rollos u hojas de pergamino en talleres como el de arriba. Un hombre está cortando una piel en rectángulos del tamaño de las páginas; el otro está suavizando una hoja con una piedra.

El pergamino es un material totalmente diferente del papiro.
Igual que el cuero, es la piel de un animal, por lo general una cabra u oveja, o un cordero o becerro nonato; pero sufre una preparación para dejar la superficie suave y pulida a fin de facilitar la escritura. La leyenda dice que el pergamino fue inventado por el rey Eumenes II (197-158 a. de C.) de Pérgamo (Asia Menor), en vista de que no podía obtener de Egipto la cantidad que necesitaba de papiro; el caso es que el material tomó el nombre de aquella ciudad. Más cierto debe de ser que el material se descubrió al evolucionar los métodos de curtir pieles.

Página de pergamino

Estuche de marfil

Rollo de pergamino

El pergamino puede no sólo doblarse, sino arrollarse, por lo que era ideal para formar tanto los rollos como los códices (libros manuscritos) que hoy conocemos. Fue el soporte normal de la escritura en Occidente durante casi un milenio, hasta que el papel pasó a fabricarse en cantidad suficiente. Todavía hoy determinados documentos se escriben, a veces, en pergamino.

Mango y alma del rollo

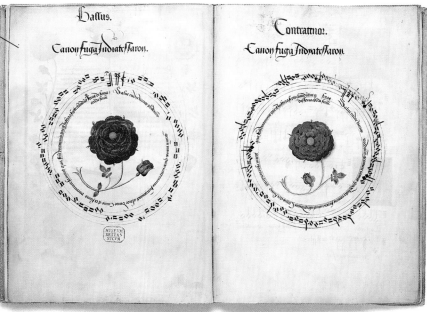

Las dos caras de una hoja de pergamino son diferentes. La cara del pelo es más oscura y cremosa que la de la carne. Cuando las hojas se encuadernan para formar un libro, siempre se casan (se enfrentan) las caras iguales. Este códice de pergamino contiene música escrita en honor del rey Enrique VIII de Inglaterra hace más de 450 años. La letra y la música han sido escritas en redondel porque había de entonarse con los cantores en círculo.

El papel

DICE LA TRADICIÓN que el papel fue inventado en China por Tsai Lun, un ministro del emperador Wu Di, en el año 105 de nuestra era. Los chinos mantuvieron durante 700 años el secreto de la elaboración del papel, hasta que, cuando los musulmanes se apoderaron en 751 de Samarcanda (hoy Uzbekistán), unos prisioneros chinos se lo comunicaron. Al cabo de un tiempo, ese conocimiento se difundió por Europa y se establecieron molinos de papel en los lugares donde había abundancia de agua corriente para elaborar la pulpa: en 1150 había ya un molino de papel en Xátiva (Valencia). El mejor papel se hace de plantas que contengan mucha celulosa en sus fibras, o de trapos confeccionados con materias naturales como el algodón o el lino. Los chinos descubrieron que el papel era más barato de producir que la seda y más conveniente que las tiras de bambú o de madera, sobre todo para libros largos. En Occidente, el papel sustituyó al pergamino como material común para escribir.

El papel oriental lleva a veces flores u hojas prensadas dentro.

Una vez que se estableció la imprenta en Europa, el número de libros se incrementó muchísimo y por consiguiente creció la demanda de papel. En el siglo XIX se inventaron máquinas para fabricar papel continuo. Al escasear y encarecerse el algodón y los trapos, se echó mano de la madera como nueva materia prima para el papel fabricado a máquina.

Los chinos utilizaban corteza de morera, o la caña de bambú, para confeccionar el papel; los europeos, trapos de algodón o lino. Esas materias se desmenuzan y desfibran y se sumergen en agua para formar una pulpa que se blanquea con lejía.

El utensilio esencial para confeccionar papel a mano es un molde, o *forma,* a modo de bandeja plana con el fondo de rejilla para que escurra la pulpa empapada. Esta forma oriental es muy complicada, con un bastidor colgante de madera para sujetar la forma. El papelero sumerge la forma en la tina que contiene la pulpa una y otra vez y la sacude con destreza para igualar la cantidad de pulpa en la rejilla. Se abren las pinzas y se tensa la forma en el bastidor. Las formas occidentales llevan el fondo de malla metálica muy tupida en lugar de la rejilla de bambú.

Tapa abierta

Bastidor de madera

Cuando el papelero sumerge la forma en la tina, la pulpa se deposita en la rejilla, y el líquido chorrea, dejando una fina capa de fibra.

Las fibras forman una hoja de papel húmedo. Las hojas se separan de la malla; luego, se apilan y se las presiona con piedras para que queden lisas o se las pasa por una calandria (prensa parecida a las de imprimir). Después, se tienden para que se sequen.

El líquido escurre a través de la rejilla

Los papeleros islámicos fueron los primeros en tintar (o dar color) a sus papeles. Hasta sabían motearlos de oro y plata. Hoy se hace papel de todos los colores imaginables. El papel especial como éste se utiliza para un título o un diploma oficial.

Una vez que los trapos han sido reducidos a fibra que se mezcla con agua para formar una pulpa consistente, el papelero sumerge la forma en la enorme tina que contiene la pulpa. Toma sólo la cantidad suficiente para formar una hoja de papel. El obrero siguiente coloca un fieltro sobre la hoja que chorrea, para escurrir el agua, y luego apila las hojas con los fieltros, que pasan a una potente prensa. Cuando el papel esté escurrido, otros obreros separan los fieltros y las hojas se tienden en cuerdas para orearlas.

Asa para sujetar el bastidor cuando se sumerge la forma en la pulpa

Las «aguas» de un papel jaspeado se hacían preparando en una batea una mezcla de agua y burbujas de tintas de colores que flotaban en su superficie y adoptaban las formas que se deseaba agitándolas con un peine especial: se pasaba diestramente por encima de ello la cara de un papel mojado, al cual se fijaban las tintas; hoy se imitan por impresión de dibujos similares.

Los chinos y los persas sabían jaspear los papeles hace siglos. En Occidente, esos papeles se suelen emplear para adornar las *guardas,* o cara interior de las tapas de cartón de los libros.

Página deteriorada y amarillenta

REMY DE GOURMONT

Le
Problème du Style

Malla de bambú

Pinza para cerrar la forma

El papel hecho de trapos es fuerte y dura mucho; pero no así el moderno, hecho de pulpa de madera: amarillea, se desmenuza y al final se desintegra todo él, porque contiene mucho ácido. En sólo unos 60 años, un libro moderno puede ofrecer este aspecto.

Un salterio medieval

EN LA EDAD MEDIA se tardaba mucho tiempo y costaba mucho dinero confeccionar un libro como éste. Es un salterio, un libro que contiene el texto de los Salmos, para uso en los servicios de la Iglesia cristiana y para la oración privada. Las personas ricas que deseaban demostrar lo acaudaladas e importantes que eran, pagaban a escribientes (copistas) y artistas para que les hicieran uno de estos códices. Este salterio fue elaborado hace unos 680 años para una persona pudiente relacionada con la ciudad de Gorleston, en el este de Inglaterra, y se le conoce como el Salterio de Gorleston. Las palabras del libro, de más de 500 páginas, fueron copiadas a mano con todo esmero en hermosas letras por un solo copista; las ilustraciones fueron realizadas por seis artistas diferentes.

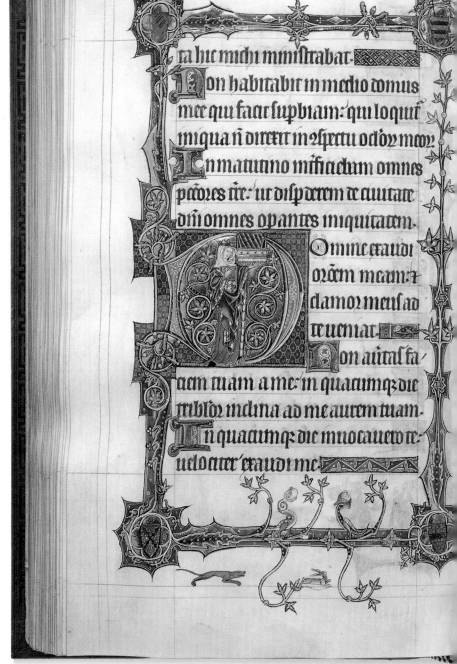

Escudo

D capitular (inicial)

Figura de mujer

Fondo adornado

El comienzo del Salmo 101 va destacado con una gran letra D capitular historiada (ornamental), que lleva dentro una figura humana y un fondo ricamente adornado. Primero se escribía el texto y luego se añadía la decoración, por lo que se dejaba el espacio requerido para la letra inicial.

El libro está caligrafiado en latín en la letra llamada gótica, angulosa y con letras muy uniformes.

N capitular

Letra gótica

Cabeza humana en cuerpo de ave

Los artistas dibujaban muchos seres extraños, llamados grotescos, con cabeza humana y cuerpo de animal.

Los márgenes de la página aparecen rellenos de escenas reales y no tan reales. Este perro va persiguiendo al conejo a lo largo de una de las líneas de guía dibujadas en el pergamino (págs. 20-21) al prepararle para escribir.

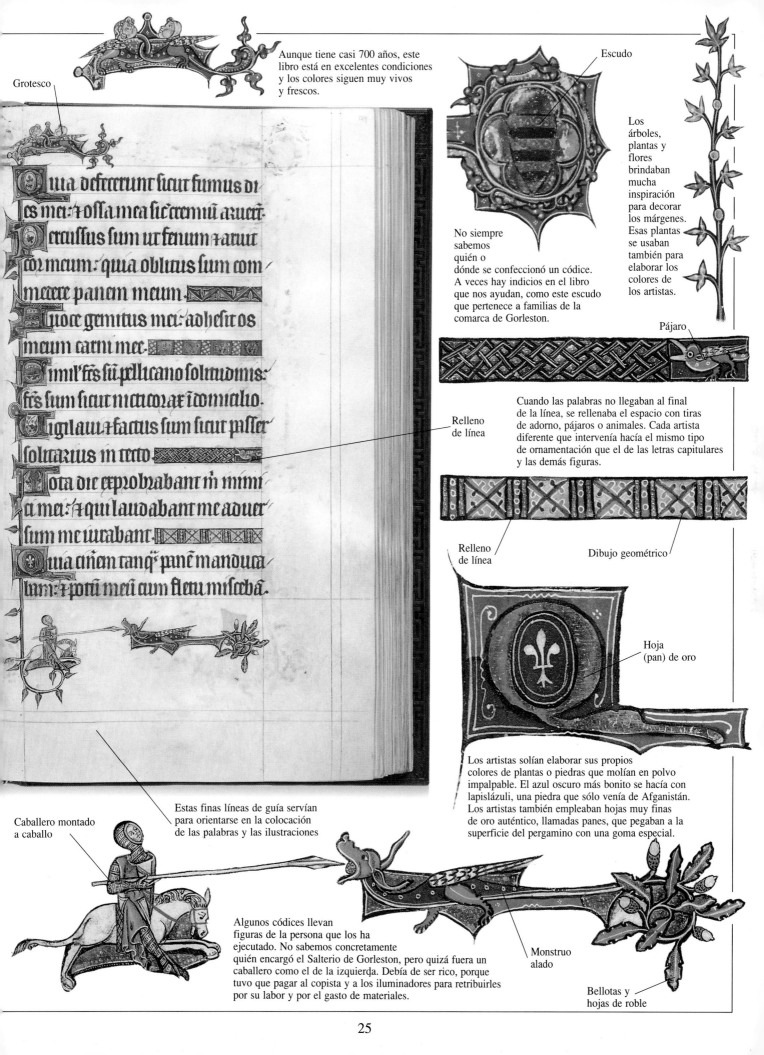

Grotesco

Aunque tiene casi 700 años, este libro está en excelentes condiciones y los colores siguen muy vivos y frescos.

Escudo

Los árboles, plantas y flores brindaban mucha inspiración para decorar los márgenes. Esas plantas se usaban también para elaborar los colores de los artistas.

No siempre sabemos quién o dónde se confeccionó un códice. A veces hay indicios en el libro que nos ayudan, como este escudo que pertenece a familias de la comarca de Gorleston.

Pájaro

Relleno de línea

Cuando las palabras no llegaban al final de la línea, se rellenaba el espacio con tiras de adorno, pájaros o animales. Cada artista diferente que intervenía hacía el mismo tipo de ornamentación que el de las letras capitulares y las demás figuras.

Relleno de línea

Dibujo geométrico

Hoja (pan) de oro

Los artistas solían elaborar sus propios colores de plantas o piedras que molían en polvo impalpable. El azul oscuro más bonito se hacía con lapislázuli, una piedra que sólo venía de Afganistán. Los artistas también empleaban hojas muy finas de oro auténtico, llamadas panes, que pegaban a la superficie del pergamino con una goma especial.

Estas finas líneas de guía servían para orientarse en la colocación de las palabras y las ilustraciones

Caballero montado a caballo

Algunos códices llevan figuras de la persona que los ha ejecutado. No sabemos concretamente quién encargó el Salterio de Gorleston, pero quizá fuera un caballero como el de la izquierda. Debía de ser rico, porque tuvo que pagar al copista y a los iluminadores para retribuirles por su labor y por el gasto de materiales.

Monstruo alado

Bellotas y hojas de roble

Los códices

A MEDIDA QUE FUERON AVANZANDO por Europa, conquistando región tras región, los ejércitos imperiales romanos fueron difundiendo la lengua latina y su alfabeto. Los pueblos de la Europa occidental adaptaron el alfabeto a los sonidos de sus propias lenguas, si bien, en algunos casos, algunas letras no tienen el mismo valor por las peculiaridades de los idiomas nacionales. Esa escritura evolucionó, apareciendo las minúsculas, que permiten mayor rapidez. Se confeccionaron muchos libros para la Iglesia cristiana que luego se difundió en las mismas regiones y necesitó muchísimas Biblias y otros libros para sus servicios. Los monjes de los monasterios realizaron los manuscritos decorados (o iluminados) con la mayor magnificencia, para reflejar la gloria de Dios. No todas las personas sabían leer o escribir; pero, según fueron aprendiendo, en seguida crearon demanda de libros para uso cotidiano. Hasta que apareció la imprenta en el siglo XV, había que escribirse a mano cada libro.

Muchos libros medievales están iluminados. Suelen llevar capitulares, unas letras iniciales muy grandes al comienzo de cada capítulo de la Biblia. A veces, son historiadas: contienen una figura o toda una escena.

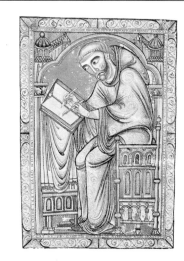

Eadwin fue un monje de Canterbury (Inglaterra) que dibujó una imagen de sí mismo en un salterio (libro de los Salmos). En los bordes de la figura escribió en latín que deseaba que se le recordase por su escritura.

Extremo plano para borrar

Punta para escribir

Piedra para afilar el cortaplumas antes de cortar la pluma

Además de escribir en pergaminos, los anglosajones utilizaron tablillas recubiertas de cera para tomar notas y para planear la ejecución de los libros grandes. Escribían en las tablillas con un estilo de metal o de hueso que tenía un extremo puntiagudo y el otro plano para borrar palabras. En el pergamino es más fácil escribir con una pluma de ave (págs. 56-57).

Los broches metálicos cerraban el libro e impedían que el pergamino se arrugase

Ciertas personas deseaban libros pequeños para sus rezos privados. Los libros de horas eran los más vendidos en la Edad Media. Cuando se cerraba el libro, los broches sujetaban las páginas.

Los europeos se dieron cuenta de que escribir en pergamino con una pluma de ave alteraba el estilo de su escritura. Primero utilizaban solamente letras mayúsculas, pero luego establecieron otras formas más rápidas con letras minúsculas.

El texto latino de este salterio está escrito en letra uncial, que tenía los caracteres redondeados. Entre las líneas de latín, aparece una glosa (explicación) en tipo de letra diferente.

Los libros hechos para reyes y príncipes solían incluir una imagen del copista ofreciendo la obra a su amo y protector.

Notas de música

La escritura de partituras de música se inició hace alrededor de un milenio, cuando se escribieron signos como éstos encima de la letra del canto llano. Tenían el propósito de recordar a los cantores lo que habían aprendido de memoria.

En el siglo XV, la música se escribía en líneas, para indicar la elevación mayor o menor en que se habían de cantar las notas. Los copistas empleaban los mismos materiales para los libros de música que para los demás, y los adornaban de la misma manera. Este libro de villancicos se confeccionó para uso de la capilla regia en el castillo de Windsor (Inglaterra).

Notas escritas encima de la letra   P capitular

Explicación para ayudar al lector

Texto latino de la Biblia

Una parte de la habilidad del copista consistía en pasar todas las palabras del texto a las páginas del libro sin graves lagunas y sin gastar demasiado pergamino. Primero, el copista medía la página, trazaba la caja en que iba a escribir y marcaba con regla líneas finas para guiarse. Dejaba un espacio para las capitulares, que luego rellenaba en cuanto acababa de copiar las palabras. Un texto como éste, a cuatro columnas, requería un cuidadoso trabajo previo.

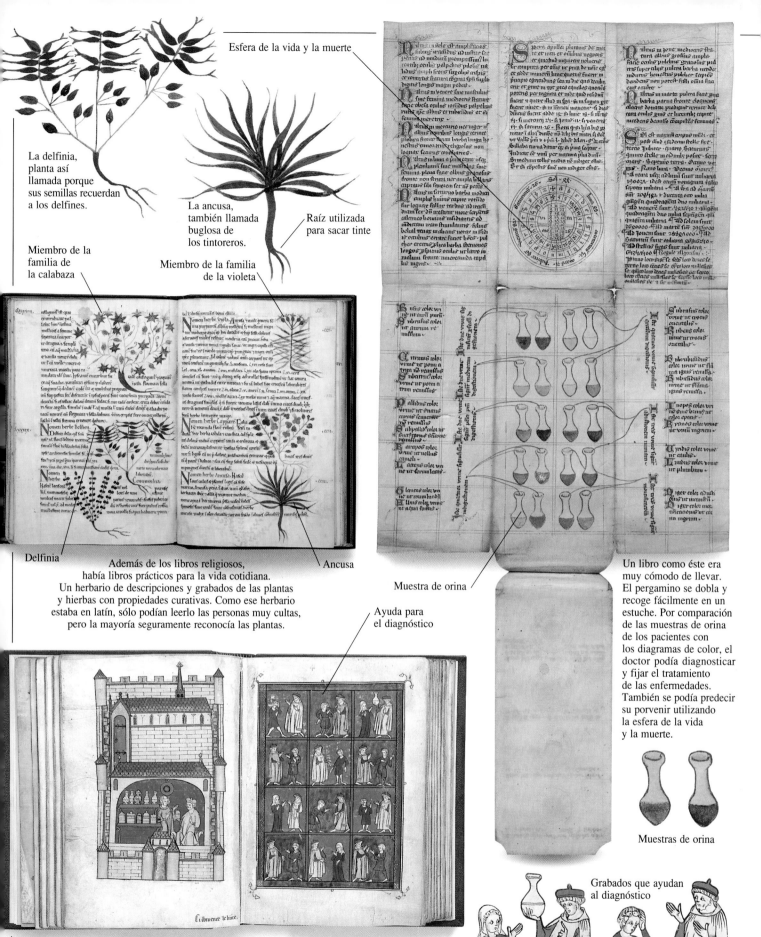

Esfera de la vida y la muerte

La delfinia, planta así llamada porque sus semillas recuerdan a los delfines.

La ancusa, también llamada buglosa de los tintoreros.

Raíz utilizada para sacar tinte

Miembro de la familia de la calabaza

Miembro de la familia de la violeta

Delfinia

Ancusa

Además de los libros religiosos, había libros prácticos para la vida cotidiana. Un herbario de descripciones y grabados de las plantas y hierbas con propiedades curativas. Como ese herbario estaba en latín, sólo podían leerlo las personas muy cultas, pero la mayoría seguramente reconocía las plantas.

Muestra de orina

Ayuda para el diagnóstico

Un libro como éste era muy cómodo de llevar. El pergamino se dobla y recoge fácilmente en un estuche. Por comparación de las muestras de orina de los pacientes con los diagramas de color, el doctor podía diagnosticar y fijar el tratamiento de las enfermedades. También se podía predecir su porvenir utilizando la esfera de la vida y la muerte.

Muestras de orina

Grabados que ayudan al diagnóstico

La preparación de los materiales para escribir podía llevar mucho tiempo. La tinta se hacía con hollín o se obtenía cociendo agallas de roble y se le añadía goma. Los colores se hacían de minerales y metales muy molidos. Más adelante, en la Edad Media, los iluminadores podían comprar ingredientes en una botica (farmacia) como la que se ve en este libro de miniaturas médicas. Allí también se podían comprar medicinas.

Para hacer tinta roja, los copistas molían el almagre (óxido de hierro) o el cinabrio (mineral del mercurio), y sacaban el bermellón; o bien trituraban la cochinilla de la grana.

La Crónica de Froissart está escrita en francés en una letra llamada *secretaria,* de rápida escritura y fácil lectura.

Palabras escritas en letra *secretaria*

Muchos códices iluminados llevan imágenes de copistas. En ésta, el copista Vincent de Beauvais está sentado ante un pupitre, con la pluma y el cortaplumas en la mano, dispuesto a comenzar la tarea. No todos los libros medievales fueron hechos por monjes. Después, los escribas profesionales asentados en las ciudades copiaban libros por encargo. Tenían que saber escribir en varios tipos de letra, según el libro y el gusto del cliente.

Los materiales más caros para hacer un códice iluminado eran el oro para la decoración y el pergamino para escribir. Cada página doble de un libro grande requería una hoja de pergamino, o sea, una piel entera, y por consiguiente un rebaño solamente para un libro.
El francés Jean Froissart escribió en el siglo XIV una crónica (relato largo y muy animado) de los sucesos en Europa a finales de ese siglo, y la crónica fue copiada muchísimas veces en libros como éste.

Tira de papel con texto

Los reyes y otros gobernantes empleaban a amanuenses (escribientes) para escribir sus cartas y para dejar constancia de los sucesos de su reinado. Cuando el rey daba órdenes a sus súbditos, los amanuenses tenían que escribirlas muchas veces para remitirlas a todas las partes de la nación.

Mango

Franja de adorno en la Crónica de Froissart

Esto no es un espantamoscas, sino el libro más curioso jamás escrito. Es una crónica de la historia mundial, escrita en alemán en largas tiras de papel en las que se recogen los acontecimientos desde la Creación hasta 1595. La letra es muy clara; lo que no está nada claro es dónde empieza ni dónde acaba el libro.

Libros de Asia

Durante casi 2.000 años, la forma usual del libro en el mundo occidental ha sido el códice: grandes hojas de papel plegadas una o varias veces, agrupadas en pliegos y cosidas juntas entre dos tapas. En otras partes del mundo, los libros han tenido formas diferentes. Se puede escribir en casi todos los materiales, naturales o artificiales. La corteza de árbol, el bambú, la tela, la seda, las hojas de palma y hasta el marfil se han utilizado para hacer libros. La corteza se puede arrollar; las hojas de palmera se pueden ensartar con cuerdas para poder buscar fácilmente una hoja concreta; y se pueden plegar en acordeón hojas de papel de hasta diez metros.

El marfil de los colmillos de elefante siempre ha sido un material escaso y caro. En el sureste asiático se empleaba para escritos sagrados y para cartas especiales a personas muy importantes. Esta carta se escribió en 1858 con pintura de oro espesa, en siete hojas de marfil. Se enviaba en su estuche también de marfil. Está escrita en caracteres birmanos.

Las hojas de palma brindan la materia prima más común para escribir en la India y el sureste asiático. Son frágiles y las destruyen fácilmente la humedad y los insectos, por lo cual pocas hojas de palma sobreviven. Éstas son de los siglos XVIII ó XIX. Antes de poder escribir en ella, una hoja ha de ser recortada al tamaño adecuado, puesta en remojo, hervida en leche o agua, secada y frotada para suavizarla. La escritura birmana de este manuscrito en hoja de palma es parecida a la de las tablillas de marfil, pero escrita con tinta.

Cuchilla para raer la superficie de la hoja de palma

Borde de madera

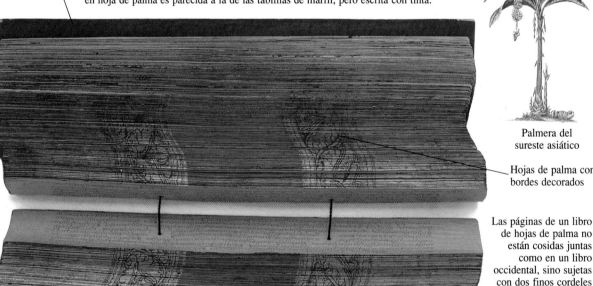

Palmera del sureste asiático

Hojas de palma con bordes decorados

Las páginas de un libro de hojas de palma no están cosidas juntas como en un libro occidental, sino sujetas con dos finos cordeles enhebrados en unos agujeros hacia el centro de las hojas: Sendas tablillas, a modo de tapas, van sujetas al comienzo y al final de la pila de hojas, para protegerlas. Los cantos de las 498 hojas de este libro han sido dorados y recubiertos de laca roja.

Los escribas usaban un estilo como éste para escribir en las hojas de palma.

Tapa de madera decorada

Este libro japonés se escribió originariamente en forma de rollo. Ha sido transformado en un libro rectangular alargado plegando en acordeón la larguísima tira de papel formando páginas que al extremo tienen un pliegue en lugar de canto cortado. Los libros chinos y japoneses se hacen así porque el papel que usan es muy fino y delicado.

Como las hojas de palma son tan perecederas, los textos legales y religiosos se escribían a veces en chapas de metal. Este texto budista está escrito en cobre, en caracteres birmanos.

Los chinos antiguos y algunos pueblos posteriores escribían en tiras de bambú. Éstas, del siglo XIX, proceden de Sumatra, en el sureste asiático.

La lengua japonesa pertenece a una familia diferente de la china, pero los japoneses adaptaron los caracteres chinos para poder escribir su propia lengua hablada. Los niños japoneses tienen que aprender 881 letras en sus seis primeros años de colegio. Al igual que el chino, el japonés se escribe en columnas verticales, de arriba abajo y de derecha a izquierda, con tinta y un pincel.

La escritura se graba con una cuchilla, y las rayas se ennegrecían para que resaltasen.

Muchos libros son demasiado grandes como para llevarlos en la manga en un examen; pero esta pieza de seda, del tamaño de un pañuelo, es la «chuleta» perfecta. Contiene 94 respuestas correctas escritas por personas que en el siglo XIX aprobaron en las oposiciones a plazas de funcionario público.

Este librito tiene unos mil años. Su propósito es servir de ayuda en momentos de apuro. Contiene parte del *Sutra del Loto,* una oración budista, en lengua china. Si le asaltan a uno unos ladrones, o se está atrapado en un fuego o una inundación, se recita la oración y se invoca al espíritu pidiéndole ayuda. Es mucho más fácil abrir un librito en el debido lugar que abrir un rollo.

Borde decorativo

El conocimiento de la escritura llegó a la India hace unos 2.500 años a través de los mercaderes semíticos. Hoy día existen en uso unas 200 diferentes maneras de escribir. Este libro del siglo XVIII está escrito en *sarada,* escritura de Cachemira, en el norte del país.

Este hermoso rollo del siglo XVIII está escrito en una escritura india llamada *devanagari.*

Cubierta decorativa

Mara, espíritu del mal

Cuesta trabajo creer que este libro está hecho de hábitos usados de monjes. La tela se ha cortado en tiras del tamaño de las hojas de palma y se la ha atiesado con laca negra. Las letras están incrustadas de nácar. El libro es un texto sagrado budista, escrito en caracteres birmanos cuadrados, probablemente en el siglo XIX.

Caballo

Gallo

Los libros plegables son tradicionales en Tailandia igual que en Birmania. Se hacían con largas hojas de un papel grueso hecho con la corteza de un arbusto llamado *joi*. Este ejemplar del siglo XIX es un libro para decir la buenaventura mediante el horóscopo chino. Cada año tiene un signo en forma de animal y se muestra a éste en cuatro posturas diferentes según las estaciones del año.

El budismo nació en la India y se difundió por las demás partes de Asia, así como sus escritos sagrados. La escritura de los monjes budistas indios fue adaptada a sus respectivas lenguas por las demás naciones.

En Birmania, los libros plegables llamados *parabaiks* suelen narrar la historia de la vida de Buda en palabras e imágenes. Este libro, que se lee de izquierda a derecha, cuenta la meditación de Buda, su victoria sobre Mara, el espíritu del Mal, y la educación religiosa de Buda. Cuando está cerrado, el libro va protegido con una cubierta adornada.

La ciudad de Kufa, en el Irak moderno, dio su nombre a un estilo temprano de escritura arábiga, llamada *cúfica*. Las letras son angulosas, con largos trazos horizontales.

Los libros islámicos

LOS ÁRABES FUERON EN SUS ORÍGENES unos pueblos nómadas que casi no necesitaban escribir para su quehacer diario. Pero hace unos 1.300 años tuvo lugar un gran cambio: la revelación de la fe islámica al profeta Muhammad (Mahoma). La palabra de Dios fue revelada directamente a Muhammad y por ello tuvo que ser escrita por sus seguidores, para garantizar que se transmitía siempre de manera correcta, porque la palabra de Dios no puede alterarse nunca. El libro sagrado del Islam, el *Qur'an* (Corán) está por consiguiente en árabe, la lengua del profeta, y escrito en caracteres arábigos. En todo el ancho mundo, los musulmanes recitan el *Qur'an* en árabe, sea cual sea su lengua. La escritura arábiga también puede emplearse para escribir otras lenguas que el árabe, al igual que el alfabeto romano se utiliza para muchas lenguas diferentes.

La escritura *cúfica* adoptó diferentes formas en las diversas regiones. El cúfico oriental, de Irak e Irán, tiene líneas finas y graciosas. Esta página es de un *Qur'an* copiado hace unos mil años. Los asteriscos rojos y dorados marcan el final de un versículo.

El *Qur'an* enseña que el arte de escribir es un don que Dios ha otorgado a los humanos. Además de uso práctico para dar información en los libros, la escritura se emplea para el adorno de toda clase de objetos. Cuando los musulmanes rinden culto en una mezquita, pueden ver frases escritas a su alrededor. Los textos coránicos se ven a veces en azulejos, como este ejemplo de una mezquita de Isfahán, en Irán.

Texto del *Qur'an*

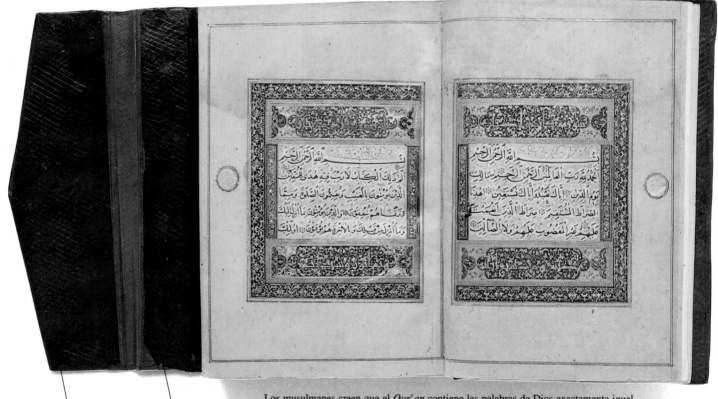

Lengüeta para proteger el libro

Encuadernación original en piel

Los musulmanes creen que el *Qur'an* contiene las palabras de Dios exactamente igual que se las dijo al profeta Muhammad. Los escribas se esmeran en transmitir la palabra de Dios de la manera más perfecta y hermosa que pueden. Este *Qur'an* se copió en Turquía hace unos 500 años en escritura *naski,* que es la que ahora se emplea más frecuentemente para el *Qur'an*.

La escritura arábiga se usa para toda clase de libros, no sólo el *Qur'an*. Y, aunque este último no lleva ilustraciones, sino solamente adornos dibujados o florituras de las propias letras, los demás libros sí las llevan, como este tratado de la creación del Universo.

Tradicionalmente, los escribas islámicos se sientan en el suelo para escribir, y utilizan una pluma de caña que cortan con un cortaplumas. Los escribas son objeto de elevada consideración en la sociedad islámica, sobre todo si se dedican a copiar el *Qur'an*.

Cada sultán (emperador) turco adoptaba como rúbrica (firma) oficial un complicado monograma llamado *tugra*, que contenía su nombre. Aparecía en las monedas y en los edificios oficiales, así como en los documentos.

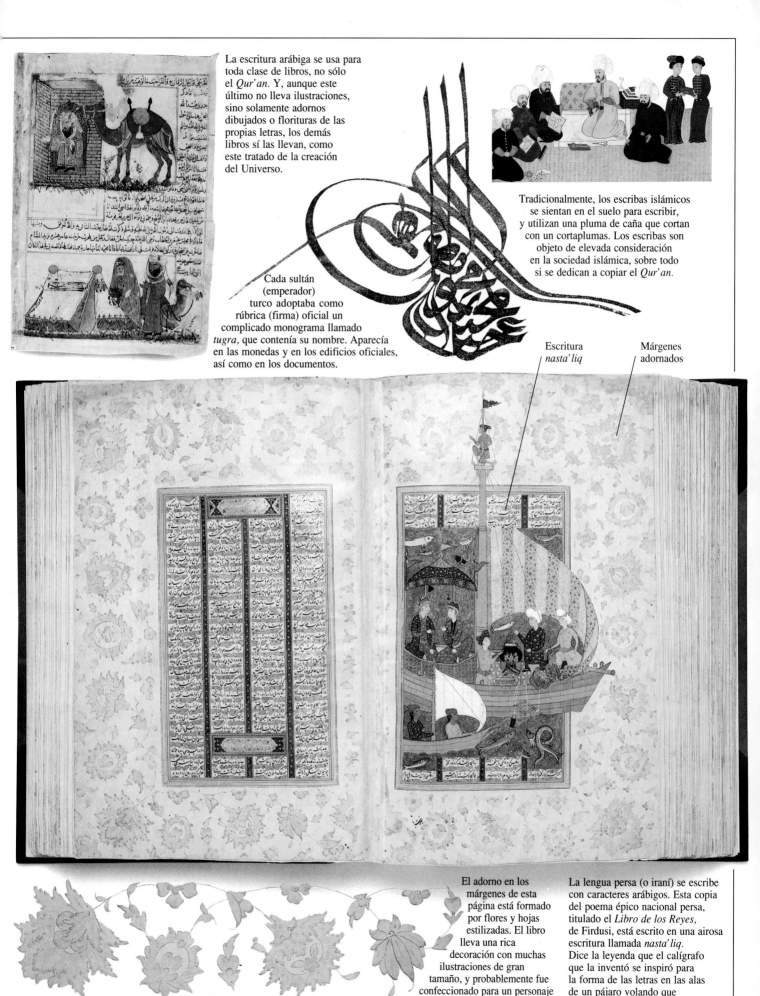

Escritura *nasta'liq*

Márgenes adornados

El adorno en los márgenes de esta página está formado por flores y hojas estilizadas. El libro lleva una rica decoración con muchas ilustraciones de gran tamaño, y probablemente fue confeccionado para un personaje importante, quizá un príncipe.

La lengua persa (o iraní) se escribe con caracteres arábigos. Esta copia del poema épico nacional persa, titulado el *Libro de los Reyes*, de Firdusi, está escrito en una airosa escritura llamada *nasta'liq*. Dice la leyenda que el calígrafo que la inventó se inspiró para la forma de las letras en las alas de un pájaro volando que se le apareció en un sueño.

Los inicios de la imprenta

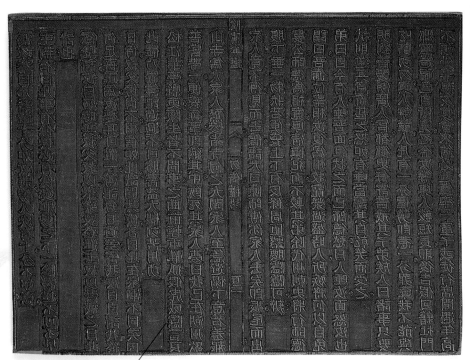

DURANTE SIGLOS, LA ÚNICA MANERA de confeccionar un libro era escribírselo a mano. Pero, aunque varios amanuenses se pusieran a la vez a copiar el mismo texto, sólo podían ejecutar un corto número de libros. Había un modo más rápido y barato de satisfacer la demanda siempre creciente de libros, pero los europeos tardaron mucho en descubrirlo. El arte de imprimir se inventó hace más de mil años en el Lejano Oriente, casi seguramente en China, pero no fue adoptado para su uso con caracteres occidentales hasta el siglo XV. Los chinos imprimían rollos y libros mediante bloques de madera en los que iban talladas páginas enteras de letras. El gran adelanto de la imprenta occidental fue el tipo móvil: unos bloquecitos con una letra cada uno, que podían agruparse para formar palabras, líneas y páginas, y se volvían a utilizar muchas veces.

Se atribuye al orfebre alemán Johannes Gutenberg (hacia 1400-1468) la invención del tipo móvil, hace unos 550 años. Descubrió la manera de hacer gran cantidad de tipo (letra) de modo rápido y barato. La idea se difundió rápidamente por Europa.

Los chinos utilizaban para imprimir bloques de madera de peral, o de azufaifo. El texto de una o dos páginas se escribía primeramente a mano con tinta y luego se daba la vuelta al papel y se pasaban los dibujos a la superficie del bloque. Después se tallaba letra a letra el texto, que así quedaba en relieve e invertido. El impresor aplicaba tinta con un tampón en las letras, ponía una hoja de papel encima y apretaba, con lo cual obtenía una impresión al derecho de los caracteres.

Estos obreros japoneses están tallando un bloque de madera similar al bloque chino de la izquierda. Usan una maceta y un cincel para tallar los rasgos de las letras en la madera.

Caracteres chinos invertidos

Letra sin terminar

El primer paso para imprimir con tipo móvil es diseñar la forma de las letras. Gutenberg confeccionó sus letras basándose en el diseño de los copistas alemanes. Estas tarjetas de la derecha corresponden a los intentos de un inglés, sir Charles Wilkins (1749-1836) de diseñar tipo para el *marathi*, una lengua que utilizaba escritura india.

Letra *marathi* dibujada a tinta

Notas sobre la letra *marathi*

El tipo móvil se hace de una aleación de estaño, plomo y otro metal azulado llamado antimonio, que vertía en unos moldes un obrero llamado fundidor. Un fundidor avezado podía fundir 4.000 letras por día, si bien sólo los mejores las sacaban todas perfectas. El tipo a veces salía defectuoso y no valía para imprimir.

En el proceso de fundir tipo de imprenta perfecto participaban muchos obreros diferentes. Éste utiliza un cepillo parecido al de los carpinteros para igualar todas las caras una vez que el tipo está fundido.

Un paso previo en la fundición del metal es confeccionar un punzón de metal duro. Tomando como modelo los diseños de las letras del alfabeto, el grabador talla las letras una por una, en relieve y al derecho, en el extremo de una fina barra (el punzón) de acero templado.

Luego, el grabador hinca con un martillo el punzón en un bloque pequeño de metal más blando, como el cobre, y deja la impronta de la letra al revés.

La pieza de metal blando con la huella de una letra se llama la matriz. Se la coloca al fondo de un molde y se la sujeta firmemente. El fundidor vierte metal derretido en el molde, hasta llenarlo.

Abriendo el molde, se saca la pieza de metal de imprenta, que lleva la letra en relieve y al revés, e imprimirá al derecho.

Estas matrices se han confeccionado recientemente con los punzones que hay en el extremo izquierdo.

Esta caja contiene un juego de matrices para fundir tipo de letra *marathi* como la que se ve en las tarjetas con diseños de la página contigua. La caja quedó cerrada durante 140 años, a raíz de la muerte de sir Charles Wilkins en 1836. Los artesanos que confeccionaron las matrices para sir Charles utilizaron el mismo proceso que los obreros de Gutenberg varios siglos antes.

ठ ठ ञ ठ ब म ६
उ ढ ण न य छ घ
प म थ ठ ठ छ ।
म अि क ऋ ष धि ज
त ऋ घ घ म उि न
म क ल ठ ठि छि प
६ ६ ६ ८ ८ ८ ८

Cuando se descubrieron las matrices de sir Charles, se utilizaron para fundir tipo y el tipo se empleó para imprimir una muestra en una prensa manual.

La composición

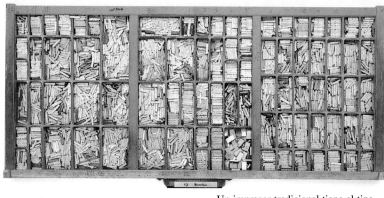

UNA VEZ QUE EL IMPRESOR dispone de
un surtido de letra de imprenta (tipo), puede
comenzar el proceso para imprimir. Se llama
composición a la formación de textos con las
letras, una a una, en este caso a mano. Una de las
ventajas del tipo móvil es que los errores (erratas) que se
puedan cometer se corrigen con mayor facilidad que en la
impresión por bloques. Tras una etapa de casi cien años en
que la composición se ha hecho en linotipia (máquina
con teclado que funde líneas enteras en vez de
letras sueltas), inventada por Otto Mergenthaler
en 1884, en la actualidad todo el proceso de
composición se hace por procesador de textos.

Un impresor tradicional tiene el tipo
dispuesto en unas bandejas, llamadas
cajas, con tantas casillas (cajetines)
como letras, signos y espacios haya.
Hay también números, signos de
puntuación y espacios finos, medianos,
gruesos y cuadratines, lo cual da un
total de unos 150 cajetines de desigual
tamaño: los menores, para la i o la l,
y los mayores, para la m.

Tipo de
60 puntos

1 El obrero que compone se llama caji[...]
El cajista (que se sabe de memoria tod[...]
los cajetines de la caja) va cogiendo a cieg[...]
las letras una por una a mano (y las peque[...]
con pinzas), y las dispone en este instrume[...]
el componedor, que lleva en la mano
izquierda. El tope de la izquierda se ajusta
al largo de la línea y se bloquea con el
tornillo. Los primeros impresores
usaban componedores de madera, pero aho[...]
son de metal cromado.

2 En este componedor vemos
el alfabeto completo de letra
romana en versales y caja baja de
dos cuerpos (alturas) diferentes.
La altura de la letra impresa se
mide por puntos (12 de los cuales
forman un cícero); las que aquí
vemos son de 12 y de 24, pero
se usan desde 6 hasta 48 y más
puntos. En el componedor, las
letras se leen de izquierda a
derecha, pero invertidas de espejo
y boca abajo.

Tipo de 12 puntos

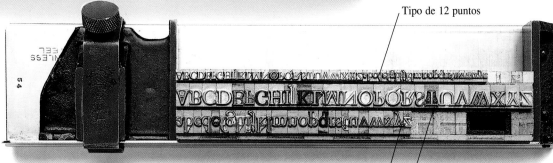

Tipo
de 24 puntos

Blancos

El cajista tiene que ir comprobando
que ha tomado la letra debida en el
cajetín. Una equivocación provocaría
una errata en el libro impreso.

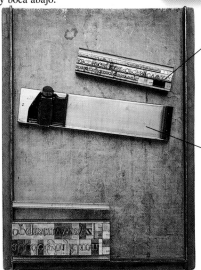

Bloque de
composición

Componedor

3 Cuando el componedor está lleno, el cajista
traslada con todo cuidado la composición
a una bandeja con bordes metálicos, llamada
galera. Un tropezón de la mano en el camino
revolvería (empastelaría) lo compuesto.

4 Los huecos entre palabras se rellenan
con espacios; los huecos entre líneas,
con unas chapitas (regletas) y los vanos,
con bloques de metal (blancos). Todos
ellos son de menor altura que la letra.

El diseño de los tipos hace que las letras
encajen perfectamente unas con otras

Regleta

Cuña metálica extensible

El tornillo gira y presiona la forma dentro de la rama para que no se mueva

Llave para girar el tornillo de la cuña

Llave de la cuña

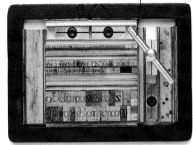

6 Una vuelta definitiva bloquea la forma, que constituye así una plancha virtual. Ningún elemento, ni tipo ni plomo ni accesorios, se caerá, aunque no lleve debajo una bandeja.

Cuña metálica

5 Cuando todo el tipo está listo, se pasa de la galera a un marco de hierro llamado rama. Los espacios entre el tipo y la rama se rellenan de bloques de metal llamados fornitura, y el conjunto se sujeta por dos lados, mediante unas cuñas. La rama, la composición y la fornitura componen una forma. Al principio, las cuñas eran de madera, pero luego aparecieron las metálicas.

Los primeros impresores aplicaban la tinta con un tampón de cuero relleno de crin; más tarde, con rodillos de goma.

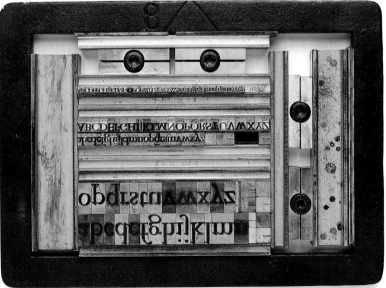

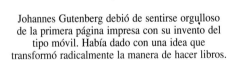

Johannes Gutenberg debió de sentirse orgulloso de la primera página impresa con su invento del tipo móvil. Había dado con una idea que transformó radicalmente la manera de hacer libros.

abcdefghijklmn
opqrstuvwxyz

abcdefghijklmnopqrstuvwxyz
ABCDEFGHIJKLMNOPQRSTUVWXYZ

ABCDEFGHIJKLMNOPQRSTUVWXYZabcdefghijklmnopqrstuvwxyz

Ésta es la impresión en tinta roja obtenida de esos alfabetos que en la forma veíamos invertidos de espejo y boca abajo.

Relieve del tipo

El cran (muesca) del tipo indica la posición correcta del tipo

7 La forma ya está lista para el entintado y luego la impresión. La tinta de agua que empleaban los copistas medievales ya no servía para imprimir, porque al aplicarla, no se sujetaba en el tipo. Por ello, los impresores inventaron una tinta grasa hecha con aceite de nuez o de linaza. Para obtener un negro denso y durable siempre emplearon hollín (negro de humo).

La impresión

JOHANNES GUTENBERG PRODUJO la primera página impresa con tipo móvil en la ciudad alemana de Maguncia en la década de 1450. Construyó una prensa de madera con un mecanismo de tornos y tornillos como las utilizadas para pisar la uva y hacer vino. Esa prensa oprimía el papel sobre la forma de tipo compuesta y entintada (págs. 38-39), produciendo una impresión en el papel. La noticia del éxito de Gutenberg se difundió rápidamente por Alemania y países circundantes, y antes de acabar el siglo llegaron las prensas a casi toda Europa; en España, el primer libro es de 1472. Durante los 400 años siguientes, los impresores utilizaron prensas del mismo diseño básico que la de Gutenberg, con la única diferencia que las prensas dejaron de ser de madera y pasaron a ser de hierro, más fuertes y duraderas. En el siglo XIX, las prensas de mano quedaron arrumbadas por máquinas de producción en masa, si bien la impresión de lujo aún se sigue haciendo a mano.

Algunos de los primeros libros impresos llevan viñetas. La imagen se tallaba al revés en un bloque de madera, y el bloque se incluía en la forma (págs. 38-39) junto con el tipo. Éste es un grabado de *Los cuentos de Canterbury* de Chaucer, impresos por Caxton en 1483.

El primer impresor inglés fue William Caxton (hacia 1422-1491). Aprendió el nuevo oficio en Colonia (Alemania), e imprimió su primer libro en Brujas (Bélgica). Después regresó a Inglaterra y puso un taller en Londres.

Los primeros impresores deseaban que sus libros se parecieran a los primorosos códices que la gente solía comprar. También pusieron letras capitulares al comienzo de las secciones, como hacían los iluminadores; pero esas letras se imprimían con bloques de madera, después de impreso el texto. En este caso, una «a» minúscula de metal indicaba la capitular que había que añadir.

Los cajistas e impresores trabajaban en muchos casos en locales reducidos y oscuros. Aquí, están entregando papel al mismo tiempo que los obreros entintan las formas y manejan la prensa. Las hojas terminadas están tendidas por todo el recinto para que se oreen. El regente (encargado) vigila con severidad que nadie se entretenga. En Inglaterra, un obrero tenía que servir por lo menos siete años de aprendiz antes de poder elegir el trabajo que quisiera.

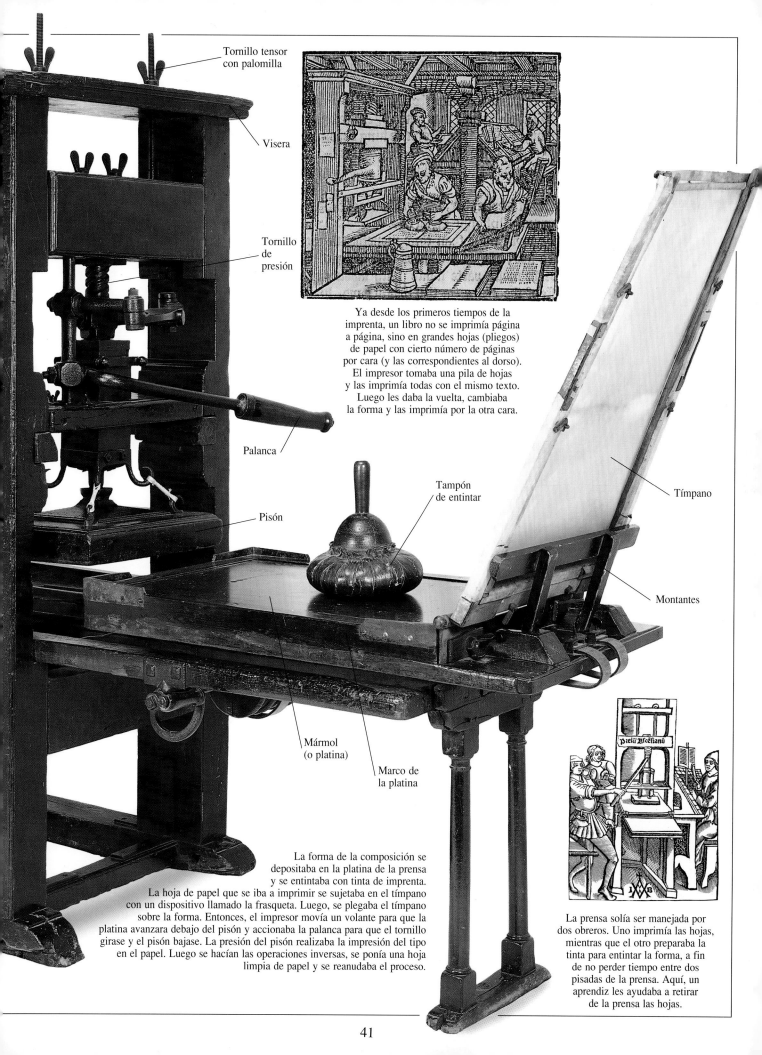

Tornillo tensor
con palomilla

Visera

Tornillo
de
presión

Palanca

Pisón

Mármol
(o platina)

Marco de
la platina

Tampón
de entintar

Tímpano

Montantes

Ya desde los primeros tiempos de la
imprenta, un libro no se imprimía página
a página, sino en grandes hojas (pliegos)
de papel con cierto número de páginas
por cara (y las correspondientes al dorso).
El impresor tomaba una pila de hojas
y las imprimía todas con el mismo texto.
Luego les daba la vuelta, cambiaba
la forma y las imprimía por la otra cara.

La forma de la composición se
depositaba en la platina de la prensa
y se entintaba con tinta de imprenta.
La hoja de papel que se iba a imprimir se sujetaba en el tímpano
con un dispositivo llamado la frasqueta. Luego, se plegaba el tímpano
sobre la forma. Entonces, el impresor movía un volante para que la
platina avanzara debajo del pisón y accionaba la palanca para que el tornillo
girase y el pisón bajase. La presión del pisón realizaba la impresión del tipo
en el papel. Luego se hacían las operaciones inversas, se ponía una hoja
limpia de papel y se reanudaba el proceso.

La prensa solía ser manejada por
dos obreros. Uno imprimía las hojas,
mientras que el otro preparaba la
tinta para entintar la forma, a fin
de no perder tiempo entre dos
pisadas de la prensa. Aquí, un
aprendiz les ayudaba a retirar
de la prensa las hojas.

41

Los primeros libros impresos

Lᴀ IMPRENTA SE INVENTÓ porque los libros, que tenían que escribirse laboriosamente a mano, no podían producirse con la suficiente rapidez y baratura. Los primeros impresores sabían que había gran demanda de libros, pero también que a la gente le gustaba lo que ya sabía y desconfiaba de las nuevas ideas. Descubrieron la manera de ofrecer a la gente los libros con los que ya estaba familiarizada, pero en número mucho mayor. El *Sutra del Diamante,* rollo chino impreso con bloques de madera, se parece mucho a un rollo manuscrito chino. Para hacer que los primeros libros europeos fueran lo más parecidos posible a los códices manuscritos medievales, los impresores ajustaron sus tipos de letra a la manuscrita, e incluso les pusieron letras capitulares historiadas y otros elementos de adorno hechos a mano. Con el tiempo, los impresores fueron introduciendo nuevas ideas e imprimieron libros que empezaron a parecerse más a los libros de hoy.

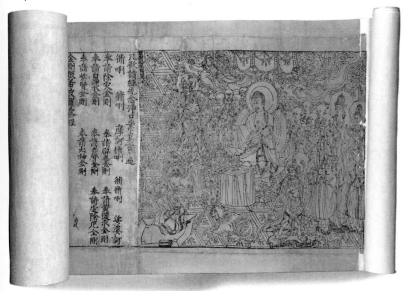

Se da por supuesto que el *Sutra del Diamante,* oración contenida en un rollo, es el libro completo más antiguo cuya fecha concreta se conoce. Fue impreso en el año 868 d. de C., mediante bloques de madera, en siete hojas de papel pegadas una tras otra para formar un largo rollo. Al igual que en muchos libros modernos, lo primero que ve el lector al abrirlo es un grabado.

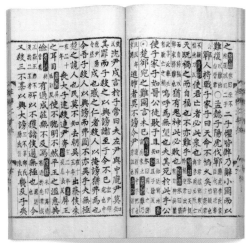

Por las mismas fechas en que Johannes Gutenberg llevaba a cabo en Alemania sus tanteos acerca del tipo móvil, un impresor coreano imprimía este libro con tipo de metal. El fundir el tipo de los numerosos caracteres chinos empleados por los coreanos le llevaría mucho tiempo; pero era un buen camino para ahorrar la madera requerida por los bloques para imprimir.

La imprenta se difundió pronto de Alemania a Italia, donde Aldo Manuccio (1449-1515) realizó algunos de los libros más hermosos del siglo XV. Cada página de este libro lleva un grabado impreso con un bloque de madera. El cajista tenía que poner el debido número de espacios en cada línea para hacer que las palabras formasen ese final en punta, llamado *culdelampe.*

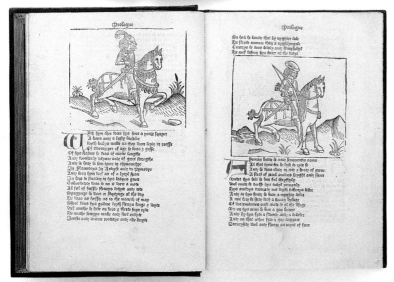

William Caxton imprimió en 1476 el poema de Geoffrey Chaucer titulado *Los cuentos de Canterbury,* y los reimprimió en 1483, corrigiendo el texto y añadiendo grabados. Las narraciones de peregrinos camino de Canterbury eran muy populares y el libro se vendió bien. El diseño del tipo, algo comprimido, se basó en la letra usada en los libros flamencos, y es más difícil de leer que las letras redondeadas adoptadas por Aldo Manuccio.

Texto latino en letra itálica (cursiva).

Aldo Manuccio también imprimió libros en una letra nueva que pasó a llamarse itálica porque venía de Italia. Se inspiraba en la letra manuscrita (bastarda) de monjes que trabajaban en Venecia. En castellano se llama cursiva o bastardilla. Este librito del poeta Virgilio era más pequeño y más barato que los grandes.

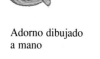
Adorno dibujado a mano

Letra gótica

Johannes Gutenberg lanzó su invento en forma de hojas impresas antes de imprimir un libro entero. En 1455 produjo la primera Biblia impresa, conocida por su apellido, o por «la Biblia de 42 líneas» porque llevaba por página dos columnas de 42 líneas cada una. La tirada (número de libros que se imprimen) fue de 160 ó 170 ejemplares, unos en pergamino y otros en papel, entre ellos éste que vemos, existente en la Biblioteca Nacional de Londres. Es un libro voluminoso con más de 1.200 páginas en dos volúmenes separados. Probablemente se tardó varios años en componerlo, imprimirlo y encuadernarlo.

PROLO

Gutenberg deseaba que su Biblia impresa se pareciera lo más posible a una Biblia manuscrita. Para ello, grabó su tipo tomando de modelo la escritura gótica y compuso y ajustó las páginas igual que lo hacían los copistas. Los adornos en los márgenes y las cabeceras en las páginas se hacían una vez impresas las hojas y antes de encuadernarlas.

Los libros modernos suelen llevar el nombre del impresor y la fecha y lugar de impresión, ya sea en las primeras páginas o en las finales. Los primeros libros lo llevaban al final, formando lo que se llama un colofón, coronado a veces por una viñeta con un símbolo o divisa que orientaba al lector. Estos conejitos eran la marca de garantía de la impresión de gran calidad de Simon de Colines, de París.

Las letras y sus familias

SE LLAMA FAMILIA al conjunto completo de las variedades de tamaños (cuerpos) y formas (redonda, cursiva, negra) del tipo de letra de un diseño concreto. Además del primer impresor de Europa, Gutenberg fue también el primer diseñador de letra de molde. Así tuvo que ser, porque la idea del tipo móvil era nueva y Gutenberg estaba realizando sus ideas en secreto. Así como él realizó el primer tipo gótico inspirado en la escritura germánica, otras muchas personas, entre ellas famosos impresores, han producido diseños para familias de letras. Cada familia tiene su nombre: Helvética, Palatino, Times Roman, Ibarra, Plantin, y cada una sus propias características. Algunas letras son más adecuadas para imprimir libros, porque son más claras y se leen mejor incluso en cuerpos muy pequeños. Otras son demasiado macizas para el texto y su lectura cansa; pero su impacto es mayor cuando se las utiliza en carteles o anuncios.

La caligrafía islámica toma a veces formas de aves o animales. Más difícil es hacerlo con palabras impresas, ya que el tipo es menos flexible; pero este poema del francés Guillaume Apollinaire (1880-1918) imita la forma de su título: «La paloma apuñalada y el surtidor».

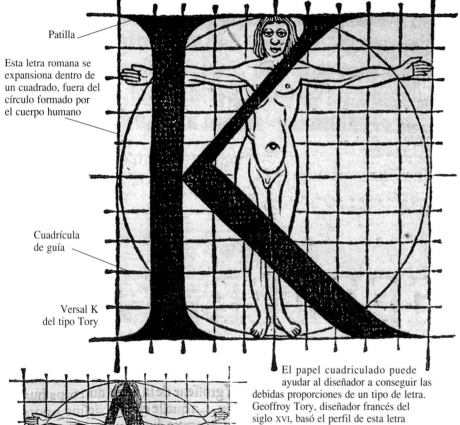

Patilla

Esta letra romana se expansiona dentro de un cuadrado, fuera del círculo formado por el cuerpo humano

Cuadrícula de guía

Versal K del tipo Tory

Versal A del tipo Tory

El papel cuadriculado puede ayudar al diseñador a conseguir las debidas proporciones de un tipo de letra. Geoffroy Tory, diseñador francés del siglo XVI, basó el perfil de esta letra en las proporciones del cuerpo humano. Se inspiró en las teorías arquitectónicas, igual que el pintor e inventor italiano Leonardo da Vinci.

abcdefghijklmnopqrstuvwxyz

Palatino redonda de 13 puntos

abcdefghijklmnopqrstuvwxyz

Palatino cursiva de 13 puntos

abcdefghijklmnopqrstuvwxyz

Palatino seminegra de 13 puntos

abcdefghijklmnopqrstuvwxyz

Palatino redonda de 8 puntos

ABCdefg

Las patillas son airosos remates de los topes de los palos de los tipos de letra llamados romanos. Una letra sin patillas se llama «de palo bastón». La más popular es la Helvética.

ABCdefg

Las letras talladas por los antiguos romanos tenían patillas, creadas por el giro del pincel al pintarlas en la piedra y reproducidas por el tallista. La familia Times Roman fue diseñada en 1932 para el periódico londinense *The Times* y sigue usándose mucho en todo el mundo.

abcdefghijk

Los tipos de letra con patillas, como el Times Roman o el Palatino, son más fáciles de leer que los que no las tienen. Las patillas forman un engarce entre las letras que ayuda a combinarlas en forma de palabras. Este libro está compuesto en Times Roman.

En una familia hay muy diferentes tamaños, medidos en puntos. En este libro, las letras mayores son de 36 puntos; las introducciones, de 13 puntos, y los pies de los grabados de 8 puntos. Además del tipo recto, llamado redonda, hay también letra cursiva y seminegra, empleadas para destacar algún texto.

Gama (clave) para identificar cada letra

Eric Gill fue tallista de piedra y calígrafo, además de diseñador de letras. Uno de sus más famosos diseños es el de la letra Gill Sans, así llamada porque no tenía patillas (*sans*=sin, en francés). En sus bocetos para ese tipo combinaba varias letras o números, que se sacaban de las mismas formas básicas.

BAMBERGER & HERTZ

Un cartel publicitario tiene que llamar la atención del transeúnte. En él se emplea tipo muy grande que puede leerse fácilmente a distancia.

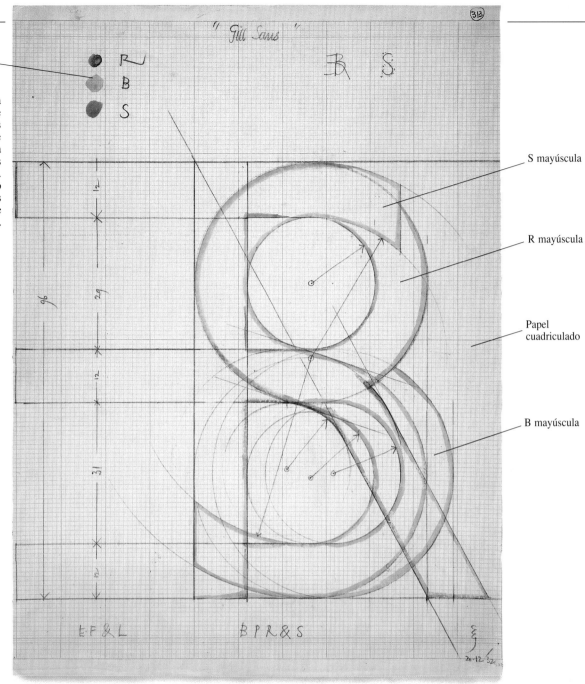

S mayúscula

R mayúscula

Papel cuadriculado

B mayúscula

Diseños de Eric Gill para los números de su letra Gill Sans.

Memorandum

Todas las familias de letra son esencialmente variaciones de la romana, la gótica o la itálica. En el siglo XIX fueron muy populares las letras de fantasía muy adornadas, pero no eran fáciles de leer. La de arriba recuerda mucho una escritura medieval.

Los diseñadores de comienzos del siglo XX combinaban a veces las letras versales con figuras, a imitación de las capitulares de los códices medievales iluminados (págs. 24-29).

La letra gótica diseñada por Gutenberg se utilizó en Alemania durante siglos. En otros países, la normal ha sido la romana.

La encuadernación

TODOS LOS LIBROS SE HACEN PARA SER LEÍDOS, pero cuanto más se leen y se les pasan las páginas, más corta es su vida. Por ello, desde que los libros tomaron la forma que hoy tienen (llamada de códice), los lectores los han mandado encuadernar para procurar una cubierta protectora exterior al papel o al pergamino de sus páginas. Esas cubiertas duras (o tapas) pueden hacerse de madera, de cartón u otras materias e ir forradas de tela, de piel o de papel (jaspeado o no), y hasta de hojas viejas impresas o manuscritas. Cuando el libro va enteramente cubierto de piel, se dice que va empastado; si sólo lleva el lomo de piel, es «a la holandesa». La encuadernación puede ser sencilla o muy adornada hasta con oro, plata o piedras preciosas (las bizantinas). Desde hace unos cien años, los libros más corrientes se encuadernan a máquina porque resulta más barato que hacerlo a mano, pero los encuadernadores artesanos siguen empleando los métodos tradicionales.

1 El encuadernador manual recibe del impresor las hojas de papel (pliegos) plegadas en cuadernillos (por lo general de 16 páginas), y los agrupa en el orden debido para coserlos.

Telar de costura

Cordel

2 Para sujetar todas juntas las páginas del libro, el encuadernador las cose con aguja e hilo a los cordeles. Para ello, primero tensa los cordeles en las barras del telar. En este libro, los cordeles se notarán luego en relieve en el lomo del libro: son los nervios. Al abrir un libro así encuadernado, se queda plano en la mesa sin dañar el lomo.

En el lomo de los cuadernillos se hacen unas ranuras con una sierra para los cordeles. Los hilos se enhebran en una aguja, se pasan por el centro de los cuadernillos abiertos, se rodea con ellos el cordel y pasan al cuadernillo siguiente. Los cuadernillos quedan sujetos por la cabecera y por el pie mediante una puntada llamada de cadeneta.

La costura de libros se ha hecho de esa manera en Europa desde hace casi mil años. Es labor que han solido realizar mujeres, quizá debido a que tienen más agilidad en los dedos o porque forma parte del estereotipo del trabajo femenino.

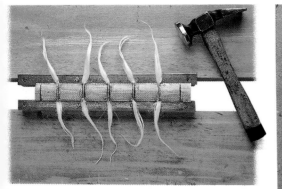

3 Una vez cosido el libro, se sientan las costuras, se unta el lomo de cola para impedir que los cuadernillos se muevan y se le sujeta en una prensa de mano. Luego, el encuadernador golpea hábilmente el lomo con un martillo para redondearlo (enlomar el libro).

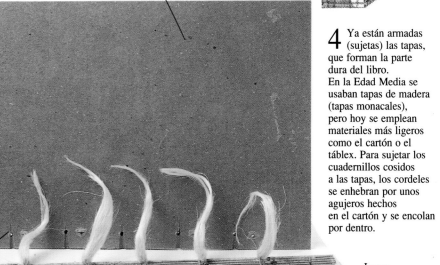

Tapa de cartón

4 Ya están armadas (sujetas) las tapas, que forman la parte dura del libro. En la Edad Media se usaban tapas de madera (tapas monacales), pero hoy se emplean materiales más ligeros como el cartón o el táblex. Para sujetar los cuadernillos cosidos a las tapas, los cordeles se enhebran por unos agujeros hechos en el cartón y se encolan por dentro.

Agujero en la tapa de cartón

Nervio resaltado

Lomo redondeado

5 Una vez bien sujetos los cordeles y bien armadas las tapas, se colocan a la cabecera y los pies del lomo unas cabezadas para proteger el libro cuando está abierto.

Cabezada de color

Tela marrón

Badana (piel) teñida de marrón

Pinzas (antenallas) para ceñir los nervios

Nervios vistos

Prensa de madera, de tornillo, para sujetar debidamente el libro

6 Este libro está encuadernado «a la holandesa», en tela, con lomo y cantoneras (esquinas) de piel, que brindan una protección suplementaria a las partes más vulnerables. La tela y la piel se encolan a las tapas de cartón y al lomo y se las dobla hacia adentro por encima de los cantos.

Florón de oro estampado

Título, compuesto al revés

Letras del título

Cajetín (componedor) para títulos

Corona de oro estampada

7 Ya está el libro listo para la decoración del lomo. El encuadernador unta de clara de huevo la piel del lomo y le aplica la hoja (pan) de oro. Calienta los hierros de dorar y estampa los adornos, fijando el oro en la piel. Luego, pasa un trapo para eliminar el oro sobrante.

Hoja (pan) de oro

8 El libro terminado es atractivo y durará mucho tiempo.

Hace doscientos años, los encuadernadores empleaban el mismo equipo que hoy. Aquí están aplicando el pan de oro a los cantos de las tapas y las páginas y utilizando una rueda para hacer fileteados (rayas u orlas).

Hierros (izquierda) para estampar la rosa y la corona, y paleta (derecha) para las rayas (filetes) del lomo.

Rueda

Una rueda como ésta puede dorar un filete o una orla tan largos como se desee.

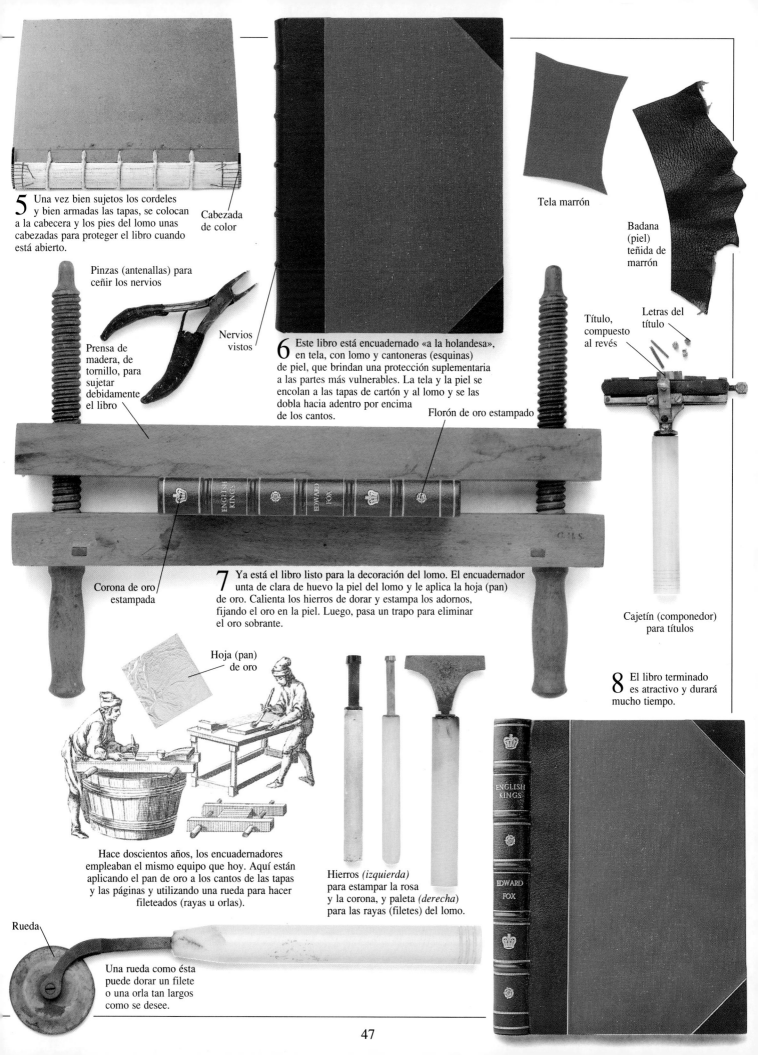

Los libros ilustrados

Los LIBROS SIEMPRE han llevado grabados, ya sea para añadir información o para hacer que el texto resulte más atractivo. Posiblemente los primeros libros ilustrados fueron los Libros de los Muertos del antiguo Egipto, largos rollos de papiro con ilustraciones y jeroglíficos. Los manuscritos iluminados fueron los libros ilustrados de la Edad Media y los primeros impresores los imitaron empleando tipo móvil y xilografías (grabados en madera). Los manuscritos medievales eran magníficos, debido a sus grabados de vivos colores y sus letras adornadas. Pero en los primeros libros impresos, el color se solía añadir a mano después de la impresión, hasta que en el siglo XIX la nueva tecnología hizo posible la impresión de los colores.

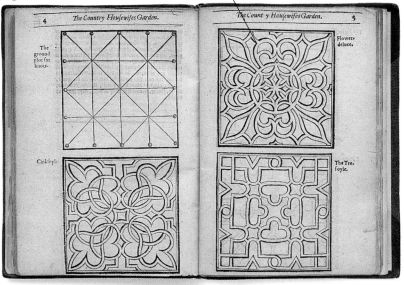

Xilografía que muestra la disposición de las plantaciones en un jardín

Muchos libros prácticos serían difíciles de entender sin ilustraciones. La llegada de la imprenta significó que los libros como este manual de jardinería podían ser producidos en gran número y que los grabados podían imprimirse con xilografías. Este libro lo escribió, específicamente para señoras, el jardinero inglés William Lawson en 1618.

Un grabado en la página de portada suele orientar al lector sobre lo que contiene el libro. Esta pareja de campesinos aparece en la portada de un cancionero popular anónimo publicado en Alemania en 1560. Para abaratar los costes, los primeros impresores a veces volvían a utilizar los grabados en madera en diferentes libros y así en algún caso los grabados no tienen nada que ver con el texto.

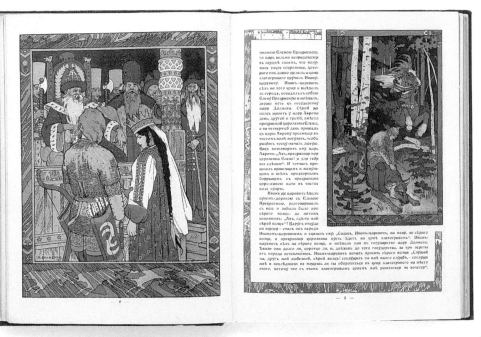

El propósito de los grabados en los manuscritos medievales y en los libros modernos suele ser sencillamente ilustrar el texto. Un manuscrito iluminado como la Crónica de Froissart (págs. 28-29) o este libro ruso de cuentos de hadas, publicado en 1901, tienen muchas características en común. El ilustrador Iván Bilbibin dibujó estos grabados para el Príncipe Iván, el Pájaro de Fuego y el Lobo Gris.

Detalle de ilustración en los márgenes del libro de cuentos de hadas.

En el siglo XIX, las ilustraciones solían ser grabados en planchas de acero, a veces coloreadas a mano. Se imprimían aparte en hojas de papel especial, como láminas fuera de texto, y se pegaban en el sitio adecuado del libro. Los libros de trajes, como éste que trata de uniformes, eran especialmente populares.

Determinados artistas modernos muy conocidos por su obra en otros terrenos, más de una vez colaboraron con escritores para realizar libros ilustrados. Esta ilustración de un poema del poeta francés Guillaume Apollinaire es obra del pintor Raoul Dufy (1877-1953).

Detalle del dragón del pliego contiguo

Hoy día, los periódicos y semanarios confían en las fotografías para captar la atención del lector y dar idea del ambiente de un acontecimiento. En el siglo XVI, un «pliego de cordel» como el de la derecha utilizaba un grabado con idéntico fin. Es la traducción del francés al alemán del relato de unos sucesos extraordinarios en Navarra, en los que hubo apariciones de extraños seres. Para que el impacto fuera mayor, los acontecimientos más dramáticos se iluminaron a mano después de impresos.

En 1905, cuando se realizó esta ilustración, la variedad de libros ilustrados era enorme. Una buena ilustración puede hacer que el lector se entretenga contemplando atentamente lo que hay en el grabado.

Las primeras letras

ESCRIBIR YA NO ES UN ARTE practicado sólo por escribas específicamente adiestrados. Para sobrevivir en el mundo moderno, todos necesitamos saber leer y escribir. La invención de la imprenta favoreció mucho el arte de escribir. La impresión hizo que pudieran disponer de libros muchas más personas que las que dispusieron de manuscritos y esos libros motivaron que la gente deseese leer y escribir. En el siglo XIX, la gran mejora de los servicios postales acarreó un incremento en el intercambio de cartas y la comunicación escrita creció rápidamente. En los muchísimos países en que la escolaridad es obligatoria para los niños, no hay ya barrera alguna para el acceso a la alfabetización: la idea de que todas las personas sepan leer y escribir.

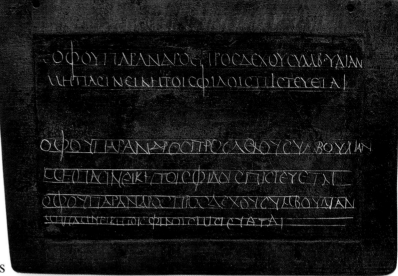

Una parte esencial del aprendizaje de la escritura es copiar la forma de las letras hasta que se sabe escribirlas con soltura. Hace unos 1.800 años, un discípulo hizo dos intentos de copiar esas líneas de griego fijándose en la muestra que el maestro le puso arriba. A pesar de las líneas paralelas de guía, la escritura del discípulo no era nada clara. Quizá no se podía hacer mejor en esa tablilla recubierta de cera, que permitía borrar las letras y volver a empezar.

Bandeja para las letras

Las aulas del pasado eran un lugar donde a los colegiales se les exigía mucho más que a los de ahora. Los alumnos pasaban mucho tiempo escuchando al maestro y aprendiendo de memoria. Los niños que acudían a esta escuela del siglo XIX tenían la suerte de recibir una educación gratuita, pero quizá no siempre se sentían muy contentos.

Aprender a deletrear podía ser un pequeño suplicio, sobre todo en idiomas con reglas complicadas. Esa labor se pretendía aligerar mediante juegos ortográficos como éste del siglo XIX.

Caja de madera

Letras de marfil

Los niños siempre han practicado la escritura con materiales propios. Estas barritas de cera de comienzos del siglo XX son más fáciles de manejar para las manos pequeñas que una pluma o un lapicero.

50

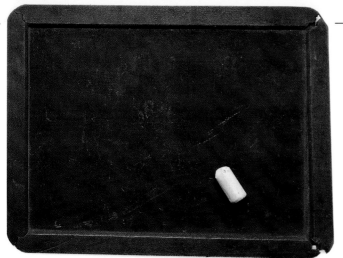

Los escribas siempre han tenido buen cuidado
de sus plumas y pinceles, guardándolos en cajitas
o estuches de diferentes formas o tamaños.
Este plumier tallado a mano en un bloque de madera
tiene unos 300 años.

Compás
para trazar
círculos.

Esta pizarra de hace cien años sería para
que los escolares copiasen las letras
con una tiza o un pizarrín. Se parece
bastante a la tablilla de cera de la Grecia
o la Roma clásicas.

Letra cancilleresca

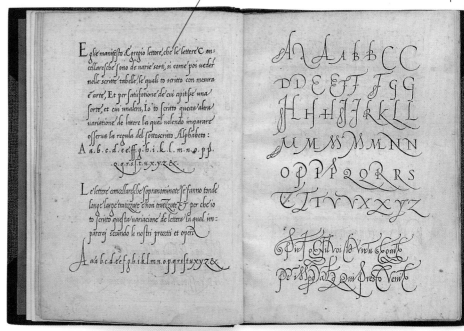

Papel cubierto
de una lámina
transparente
de cuerno

Esto era una
cartilla para
aprender a leer.
El papel va
cubierto por una lámina
finísima de cuerno para evitar
que los niños lo manchasen.

Mango para
que el colegial
lo sujetase
mientras leía
el texto.

Desde hace siglos, se han escrito libros para aprender el arte de la caligrafía (págs. 6-7).
Hace más de 400 años, el maestro calígrafo veneciano Giovanni Tagliente publicó este libro.
El estilo de escritura, llamada letra cancilleresca, fue la base del tipo de letra de imprenta llamada
cursiva o bastardilla (págs. 42-43). Aunque parezca raro, las letras de ese libro no están escritas,
sino que se imprimieron mediante bloques de xilografía.

Cuando ya
sabían escribir
debidamente las
letras, los colegiales
empezaban a usar
plumas. En el
siglo XIX, las
plumillas metálicas
habían sustituido
a las de ave.

En las mesas de las
aulas se necesitaban
tinteros, que se
guardaban en
bandejas como ésta.

Muchos reyes y gobernantes medievales no sabían leer ni escribir. En lugar de su nombre, tanto el rey Guillermo I de Inglaterra (1027-1087) como su esposa Matilde, pusieron en este decreto oficial el signo de una cruz. Luego, alguien escribió sus nombres junto a las cruces.

La escritura a mano

IGUAL QUE UNA HUELLA DACTILAR, la escritura a mano de una persona es única. No hay dos personas que tengan la misma letra, aunque hayan aprendido a escribir con el mismo maestro. Según se va creciendo, la letra va cambiando, se estabiliza y a veces se deforma, y se puede aprender a escribir de otra manera, si se desea. Esto dificulta que una persona imite totalmente la letra de otra. El modo de escribir también depende de los materiales que se empleen, así como de la finalidad de la escritura. También se han usado diferentes estilos de letra en diversos períodos. Una lista de la compra, una redacción escolar y una carta, escritas por la misma persona, pueden parecer muy diferentes. Mediante la grafología, se analiza la letra de una persona para saber qué revela acerca de su carácter.

El artista Miguel Ángel (1475-1564) tenía una letra típica itálica del siglo XVI. Hay quien sigue escribiendo hoy en itálica (o cursiva), para la que se necesita una pluma con un corte especial.

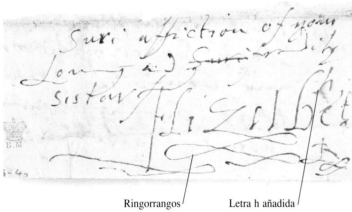

Ringorrangos   Letra h añadida

Isabel I de Inglaterra (1533-1603) tenía una firma chocante, con muchos ringorrangos y florituras en la rúbrica. Puede parecer el reflejo de una persona vanidosa, pero más bien sería un recurso para evitar la falsificación. Le había quedado poco sitio para su nombre y tuvo que poner la última letra por encima.

María Antonieta (1755-1793), esposa de Luis XVI de Francia, fue ejecutada durante la Revolución, en 1793. Analizando varios ejemplares de su firma, así como su letra, un grafólogo puede conocer su manera de ser.

George Washington

Una manera de dificultar que los demás lean la letra de uno, es escribirla al revés. En la Biblioteca Nacional de Madrid se conservan unos cuadernos de apuntes del artista e inventor italiano Leonardo da Vinci (1452-1519) sobre sus experimentos científicos, escritos con ayuda de un espejo (arriba),

Escribanía con tinteros y salvadera del siglo XVIII

George Washington (1732-1799) fue el primer presidente de los Estados Unidos. Su firma tiene muchas florituras y parece muy poco expresiva. Hay personas de la vida pública que tienen dos firmas diferentes, una para los documentos oficiales y otra para sus cartas privadas.

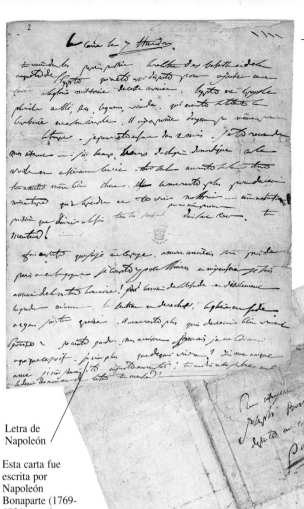

Napoleón Bonaparte

Una firma es un modo de identificarse y de mostrar conformidad. Las firmas de estos indígenas norteamericanos del siglo XIX tienen forma de dibujos de animales.

Letra de Napoleón

Esta carta fue escrita por Napoleón Bonaparte (1769-1821) a su hermano José en 1798, pero nunca fue entregada. El mensajero que la llevaba fue interceptado y la carta llegó a manos del almirante inglés lord Nelson, que le puso una nota aclarándolo. En el siglo XIX, las cartas no iban en sobres, sino que se doblaban y se sellaban con lacre.

Sello de lacre

Escritura de Nelson

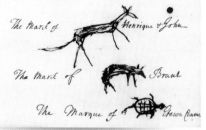

Las cartas antiguas pueden ser valiosas, en especial si fueron escritas por una persona que luego fue famosa. El dirigente indio Mahatma Gandhi (1869-1948) escribió esta carta en 1914 cuando vivía en África del Sur.

Plumilla de acero

Las plumillas de acero desplazaron a las plumas de ave en el siglo XIX; era muy lento escribir tanto con las unas como con las otras porque había que mojarlas en el tintero a cada pocos segundos. La pluma estilográfica transformó la escritura, ya que lleva una carga de tinta en su depósito y mantiene constantemente entintado el plumín.

Los calígrafos (págs. 6-7) realizan una escritura que es también arte. Esta muestra del siglo XIX es de Irán y está realizada en papel jaspeado.

En los siglos XVI y XVII había mucho interés en realizar una escritura elegante y había muchos maestros calígrafos famosos. La de este rollo es de un maestro calígrafo ruso, en caracteres cirílicos y con muchas florituras.

Pluma de ave

Pluma estilográfica

Libros infantiles

Hoy día, los niños tienen de sobra dónde elegir un libro para leer por gusto; pero no siempre ha sido así. Durante siglos, no había libros escritos especialmente para los niños, que, si sabían leer, sólo disponían de libros de fábulas o leyendas escritas para adultos. Luego aparecieron textos escolares para aprender la gramática, la ortografía y las cuatro reglas de aritmética, así como cuentos morales que enseñaban a los niños a portarse «como es debido». Hace unos 250 años, los editores empezaron a publicar abecedarios, canciones y libros de cuentos para niños; poco a poco, eso llevó a los cuentos de animales, de aventuras y los demás tipos de libros infantiles que están hoy al alcance de los pequeños lectores.

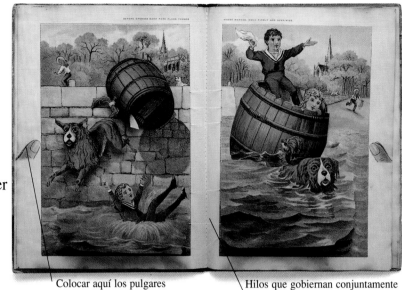

Colocar aquí los pulgares

Hilos que gobiernan conjuntamente las partes móviles

Siempre han tenido éxito los libros con ilustraciones que se mueven y cambian. En este dramático cuento de un viejo barril de azúcar, al abrir el libro, las figuras se levantan como saliendo de las páginas y el perro parece nadar hacia el lector.

Los libros para niños muy pequeños van a veces impresos en tela, en lugar del papel, porque es mucho más fuerte. Hoy se hacen de plástico. Éste lleva una colección de objetos cotidianos para que el niño los reconozca.

Figuras impresas en tela

Letra W levantada

Al abrir este libro encima de la mesa, las letras y objetos se alzan de las páginas y se quedan en vertical. El libro muestra todas las letras del alfabeto y cómo escribirlas en mayúsculas y en minúsculas. Los primeros libros móviles aparecieron en el siglo XIX. Este tipo de libros «saltarines» era muy popular en la década de 1930.

W for Windmill
is not pronounced by
X is the letter
that stands next to Y
Y is for Yacht
that is not pronounced yacht
Z is for Zebra
the last of the batch.

Al final del manuscrito de *Alicia en el País de las Maravillas*, Lewis Carroll pegó una fotografía de Alice Liddell, la niña que le inspiró. Estuvo vinculada al libro durante toda su vida y fue considerada persona célebre.

Lewis Carroll opinó que sus propios dibujos no eran lo bastante buenos para su libro cuando se publicó en 1865. Encargó al caricaturista John Tenniel que ilustrase la obra. Ésta es su idea del pájaro dodo.

Los niños de los demás países europeos pudieron leer las aventuras de Alicia en sus propias lenguas poco después de los niños ingleses. Aquí, una Alicia holandesa contempla cómo bailan la Danza del Cangrejo el Grifo Alado y la Tortuga Burlona.

Otros muchos artistas han ilustrado las historias de Alicia, al igual que Tenniel. Esta fina Alicia a la moda de la década de 1920 se encuentra con el elegante Conejo Blanco, tan azorado al verla que se le caen los guantes y el abanico.

Alicia en el País de las Maravillas fue en su origen un cuento que el joven profesor de matemáticas Lewis Carroll (1832-1898) contó a unos alumnos durante una excursión por el río en 1862. Luego, la escribió y la ilustró, para regalársela a una de las niñas, Alice Liddell. El manuscrito original se conserva en la Biblioteca Nacional de Londres.

La idea que, más o menos, nos forjamos de Alicia, es la de una niña con larga melena rubia; pero a veces se la presenta más parecida a la Alicia de verdad, que tenía el pelo oscuro y lo llevaba corto y con flequillo.

Los animales de Lewis Carroll son una mezcla de su gran imaginación y los rasgos de sus amigos. Alicia se queda pasmada ante un gato gris de Cheshire que le guiña un ojo desde lo alto de un árbol, como se ve en esta ilustración moderna de Ralph Steadman.

Las aventuras de Alicia han sido traducidas a casi todas las lenguas, incluso al idioma inventado esperanto. Y hasta hay una versión en taquigrafía. La de arriba es la Alicia de una edición en la lengua africana *swahili*, en la que la llaman Elisi.

Las palabras en acción

LOS PRIMEROS ESCRITOS se utilizaron probablemente para llevar cuentas, conservar datos o registrar sucesos (págs. 6, 8-9), y la escritura ha sido desde entonces vital en todo tiempo y lugar donde haya habido actividad humana. Los primeros mercaderes necesitaron hacer listas de sus mercaderías y llevar cuentas de sus tratos diarios; los gobiernos necesitaron llevar registros de dónde vivían sus gentes y qué poseían para poder cobrar los impuestos. Las personas que sabían leer y escribir eran, por ello, importantes y valiosos miembros de la sociedad, en especial debido a que pocas personas tenían esos dones antes del siglo XIX. En aquel tiempo, con el gran incremento de la industria y el aumento de la población, se emplearon ejércitos de escribientes para escribirlo todo a mano. Sólo con el advenimiento de la máquina de escribir (págs. 58-59) se produjo un gran cambio en la vida de las oficinas.

Los copistas medievales escribían con plumas robustas de aves de cierto tamaño (por lo general, ocas y gansos). Las plumas de metal aparecieron hacia 1830. La de arriba es una pluma de metal que imita a las de ave.

Puño

Papel secante

Un secante era esencial para evitar borrones de tinta en el papel. En este ejemplo, el papel secante iba sujeto alrededor de la superficie curva del utensilio. Quien escribía, basculaba suavemente el secante sobre la tinta fresca.

Los escribientes necesitaban cortaplumas, como éstos del siglo XVII, para recortar las hojas de pergamino o papel y para preparar sus plumas. Para confeccionar una pluma de escribir tenían que afeitar parte de las barbas de la pluma, para dejar más libre el cañón que tenían que empuñar. Luego, cortaban en diagonal la punta de la pluma a gusto de quien la iba a manejar y de manera que el extremo almacenase suficiente tinta.

Los sobres de las cartas no aparecieron hasta el siglo XIX. La mejor forma de abrirlas era con un abrecartas. Se hicieron muchos abrecartas con rebuscados adornos.

Así era una oficina típica a finales del siglo XIX. El amanuense, que lleva la pluma en el pliegue de la oreja para no perderla, está facilitando a su superior una carta que ha sacado de un clasificador del armario. En su mesa tiene los útiles de escribir. Hoy día, los archivos han sido sustituidos y la información está registrada en un ordenador.

Los oficinistas siempre se preocupaban de tener sus pupitres pulcros y bien organizados. Los archivadores de madera como el de la derecha fueron muy socorridos a comienzos del siglo XX para tener a mano la correspondencia y artículos de papelería: sobres, papel timbrado, tarjetas…

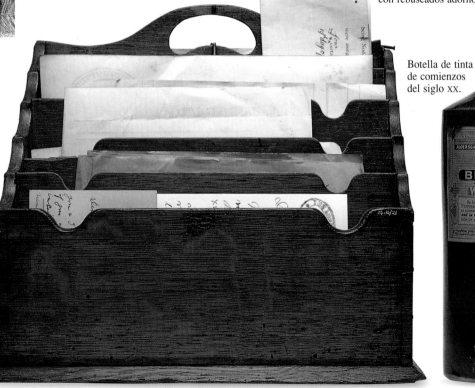

Botella de tinta de comienzos del siglo XX.

STEPHENS
BLUE BLACK
WRITING FLUID

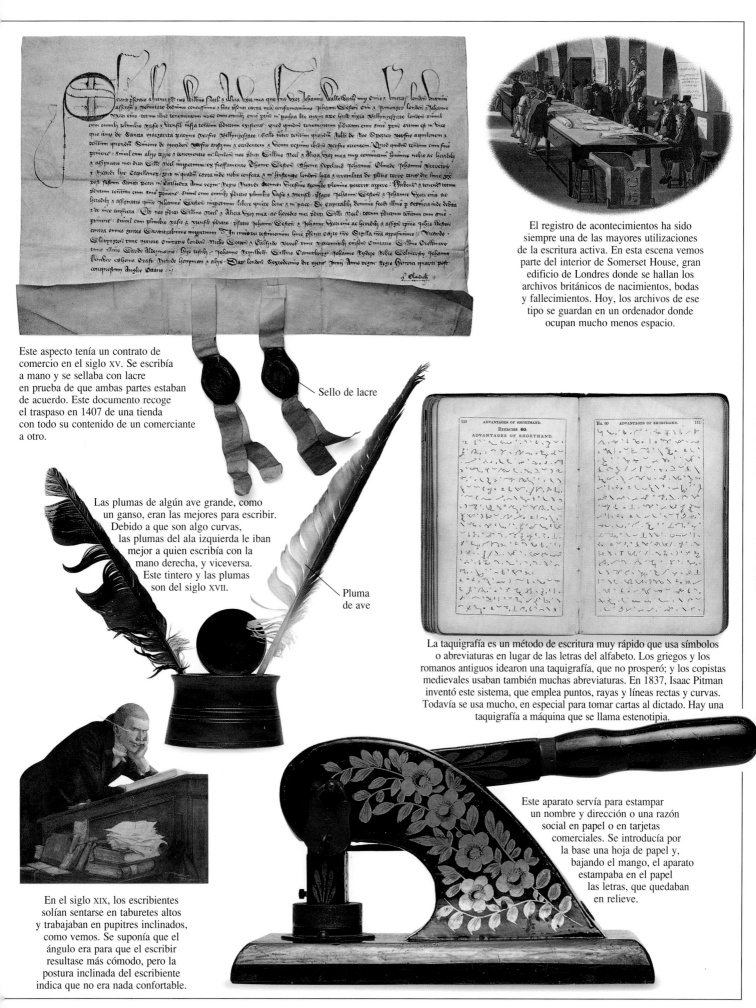

El registro de acontecimientos ha sido siempre una de las mayores utilizaciones de la escritura activa. En esta escena vemos parte del interior de Somerset House, gran edificio de Londres donde se hallan los archivos británicos de nacimientos, bodas y fallecimientos. Hoy, los archivos de ese tipo se guardan en un ordenador donde ocupan mucho menos espacio.

Este aspecto tenía un contrato de comercio en el siglo XV. Se escribía a mano y se sellaba con lacre en prueba de que ambas partes estaban de acuerdo. Este documento recoge el traspaso en 1407 de una tienda con todo su contenido de un comerciante a otro.

Sello de lacre

Las plumas de algún ave grande, como un ganso, eran las mejores para escribir. Debido a que son algo curvas, las plumas del ala izquierda le iban mejor a quien escribía con la mano derecha, y viceversa. Este tintero y las plumas son del siglo XVII.

Pluma de ave

La taquigrafía es un método de escritura muy rápido que usa símbolos o abreviaturas en lugar de las letras del alfabeto. Los griegos y los romanos antiguos idearon una taquigrafía, que no prosperó; y los copistas medievales usaban también muchas abreviaturas. En 1837, Isaac Pitman inventó este sistema, que emplea puntos, rayas y líneas rectas y curvas. Todavía se usa mucho, en especial para tomar cartas al dictado. Hay una taquigrafía a máquina que se llama estenotipia.

Este aparato servía para estampar un nombre y dirección o una razón social en papel o en tarjetas comerciales. Se introducía por la base una hoja de papel y, bajando el mango, el aparato estampaba en el papel las letras, que quedaban en relieve.

En el siglo XIX, los escribientes solían sentarse en taburetes altos y trabajaban en pupitres inclinados, como vemos. Se suponía que el ángulo era para que el escribir resultase más cómodo, pero la postura inclinada del escribiente indica que no era nada confortable.

La máquina de escribir

VARIOS INVENTORES llevaron a cabo intentos de construir «máquinas de escribir» de diversos tipos, antes de que el estadounidense William Austin Burt produjera en 1829 un primer modelo, totalmente de madera, que no prosperó. Aquellas máquinas de escribir solían ser más lentas que la escritura a mano; pero en 1867, otro norteamericano, Christopher L. Scholes, construyó la primera máquina eficaz, que pasó a producirse en serie. Las máquinas de escribir tardaron en introducirse en las oficinas porque los escribientes tenían sueldos muy bajos y producían documentos escritos a mano muy bien presentados. Pero poco a poco las máquinas de escribir pasaron a formar parte del equipo habitual de las oficinas y sustituyeron totalmente a los escribientes. Las primeras máquinas de escribir eran grandes y pesadas y tenían centenares de partes móviles. A comienzos del siglo XX se diseñó ya una máquina de escribir eléctrica: aliviaba el duro trabajo de teclear. Las máquinas portátiles permitieron que los periodistas que cubrían un suceso importante pudieran mecanografiarle «al pie del cañón».

La primera máquina de escribir producida a escala comercial en el mundo fue puesta en venta en 1873 en U.S.A. por la compañía Remington. A comienzos del siglo XX, la Remington Standard era, como puede verse, una máquina pesada, de sólida construcción, que presidía las salas de trabajo de centenares de oficinas en todo el mundo.

La escritura a máquina es muy útil para muchas clases de trabajos. El escritor norteamericano Mark Twain (1835-1910) fue probablemente el primer autor que envió un original mecanografiado a su editor. A mediados del siglo XX, toda la labor de escritura de cartas y archivo era llevada a cabo en todas partes por mecanógrafos o, sobre todo, mecanógrafas.

Palanca de sujeción del papel

Palanca de retorno del carro

Palanca de giro de rodillo

Campanilla

Varillas que unen las teclas con los cabezales de impresión

Teclado

Todas las partes de una máquina de escribir manual están conectadas mecánicamente. En total, hay unas 2.000 piezas. La mecanógrafa introduce una hoja de papel por detrás del rodillo y gira el botón de mando de éste a fin de que el papel le aparezca de frente para ser golpeado por los cabezales que llevan las letras. Cada vez que se pulsa una tecla, una serie de varillas y muelles hacen que uno de los cabezales impresores se dispare. Cada uno de ellos tiene en su extremo una letra de metal invertida que al golpear en la cinta deja en el papel la impresión al derecho.

Carro

Cuando el que escribe se acerca al final de la línea, una campanilla le avisa que le quedan unos pocos espacios. Al llenar la línea, para seguir escribiendo, hay que empujar la palanca de retorno del carro y comenzar una nueva línea.

Campanilla

Las máquinas de escribir de muchos países llevan el teclado QWERTY, pero también se fabrican con otros muchos teclados. El de la derecha es el de una máquina francesa primitiva.

ABCDEFGHIJKLMNOPQRSTUVWXYZ
abcdefghijklmnopqrstuvwxyz

EEEEEEEEEEEEEEEEEEEEEEEEEEE
WWWWWWWWWWWWWWWWWWWWWWWWWWW

A diferencia del tipo de imprenta, en el que las letras tienen anchos diferentes, todas las letras de la máquina ocupan el mismo espacio. En las máquinas manuales, la presentación de la escritura depende de la intensidad y regularidad con que se pulsen las teclas, lo cual puede producir un entintado desigual, nada agradable.

Rodillo

Ranura para el papel

Varilla con el tipo

El carro se desplaza un espacio cada vez que se pulsa una tecla. Al final de la línea, hay que empujar la palanca de retorno del carro para subir el papel una línea más y pasar el carro a la derecha, antes de escribir la línea siguiente. El carro se desplaza en la misma dirección que el sentido de la escritura; o sea, que en una máquina para árabe o para hebreo avanza de derecha a izquierda.

Las máquinas de escribir más primitivas tenían teclados como los de piano, con una larga hilera de teclas por orden alfabético.
Cuando se escribía muy rápidamente, las teclas se enganchaban con frecuencia. Eso llevó a establecer el teclado QWERTY, que reduce este peligro y sigue usándose en la actualidad. Apretando la palanca correspondiente, se pasa al instante a escribir en mayúsculas.

El mercado del libro

LOS LIBROS SON UN BUEN NEGOCIO, y lo han sido siempre. Los monjes de la Edad Media tenían tanto afán por copiar manuscritos que hasta se los pedían prestados a los monasterios extranjeros. En cuanto se estableció la imprenta en Europa, apareció el comercio de libros, vendiendo los impresores los libros que producían. Más adelante, los impresores trabajaban, por lo general, para un editor que distribuía los libros a los libreros, quienes a su vez se los vendían a los clientes. Hoy, los libros se venden por todas partes, desde los aeropuertos a los supermercados. El libro más vendido es probablemente la Biblia, que ha sido editado en más de 800 lenguas, y William Shakespeare parece ser el autor más vendido del mundo.

Cuando los libros sólo se escribían a mano, no se podía ir a una librería, tomar el libro del estante, comprarlo y llevárselo a casa para leerlo. Los estudiantes tenían que pagar por llevarse prestado un libro de la librería de la Universidad con el fin de copiarlo.

Hacia el siglo XV, en las grandes ciudades había librerías que solían ser propiedad de los impresores. Los libros de primeras letras y los libros religiosos para la gente común eran vendidos por los buhoneros, que iban de pueblo en pueblo vendiendo su mercadería.

Algunas librerías se han especializado siempre en un tema, como ésta, que sólo vendía libros de poesía. Otras se precian de procurar a los clientes cualquier libro que esté en venta en uno o dos días. También hay un gran comercio de segunda mano, sobre todo para coleccionistas de libros. Los muy raros se venden en subastas y alcanzan precios elevados.

James Lackington hizo una fortuna en el siglo XVIII vendiendo libros a precios muy bajos en su librería londinense. Fue probablemente el primero en vender saldos: restos de ediciones que ya no se venden al precio marcado. Su tienda era tan grande, que había escaleras para alcanzar los libros en las estanterías.

Las librerías son de todos los tamaños, desde las grandes hasta las pequeñas y abigarradas como ésta del siglo XVIII, con pilas de libros por todas partes.

Pan
de oro

Piel

Los editores son un importante eslabón
en la cadena de los libros: deciden qué libros
se publican, qué precio tendrán y dónde
se venderán. Al editor se le conoce
por su marca comercial (logotipo), como éste,
y que suele ir en las cubiertas y los lomos.

La edición de libros es un negocio internacional.
La editorial alemana Tauchnitz editó más de
6.500 libros de autores británicos y norteamericanos
y vendió en todo el mundo más de 40 millones
de ejemplares. Por razones de *copyright* (derechos
de autor), era ilegal llevar esas ediciones baratas
a Gran Bretaña, pero muchos viajeros las introducían
entre los forros de sus ropas
y burlaban los controles
de aduanas
tambaleándose
con su carga
de libros de
contrabando.

Al comienzo, los libros se vendían sin encuadernar. Después de comprar
un libro, el cliente iba a ver al artesano correspondiente y le encargaba
una encuadernación con arreglo a su gusto y sus posibilidades. Hoy día,
la mayoría de los libros se encuadernan a máquina, ya sea con tapas duras,
o en rústica. Los encuadernadores realizan trabajos de lujo para personas
u obras determinadas, como este volumen de poesía francesa. Esos libros
se suelen coleccionar como objetos de arte y, más que leerlos,
se los admira.

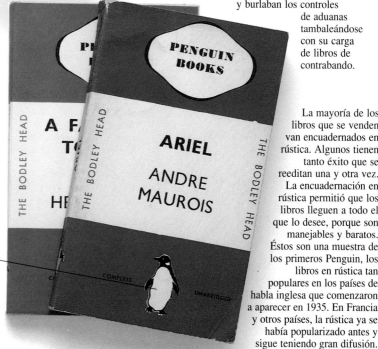

La mayoría de los
libros que se venden
van encuadernados en
rústica. Algunos tienen
tanto éxito que se
reeditan una y otra vez.
La encuadernación en
rústica permitió que los
libros lleguen a todo el
que lo desee, porque son
manejables y baratos.
Éstos son una muestra de
los primeros Penguin, los
libros en rústica tan
populares en los países de
habla inglesa que comenzaron
a aparecer en 1935. En Francia
y otros países, la rústica ya se
había popularizado antes y
sigue teniendo gran difusión.

Logotipo del
impresor

En el siglo XX empezaron a circular
en muchos países librerías ambulantes como
ésta, que iba por las grandes ciudades
del territorio italiano.

La conservación de las palabras

Las PRIMERAS BIBLIOTECAS eran grandes almacenes de escritos recogidos en tablillas de arcilla o en rollos de papiro, en Babilonia y en el antiguo Egipto. En la Edad Media, cuando los libros abundaban poco y eran valiosos, en las casas bastaba con un arcón o una alacena para guardarlos. Solamente las bibliotecas de las grandes iglesias o monasterios tenían más de unos pocos centenares de libros. Aun cuando la imprenta hizo posible que se dispusiera de mayor número de libros y que muchas más personas aprendieran a leer, pasó bastante tiempo antes de que las personas corrientes acudiesen a una biblioteca. En el siglo XVIII, en Europa había bibliotecas en las que se podía leer libros pagando; pero hasta el siglo XX en muchos países no ha habido bibliotecas públicas gratuitas.

Una de las bibliotecas más famosas de la Antigüedad fue la de Alejandría, en Egipto. De todo el mundo de habla griega acudían allí estudiosos y científicos e incrementaban las existencias traduciendo y copiando más libros. Se dice que la biblioteca contenía en ciertas épocas más de 400.000 obras en rollos de papiro almacenados en estantes y cada uno con su rótulo para identificarlos.

Teología y filosofía

Catálogo de los libros

Poesía

Librito encuadernado en pergamino

Cinta para mantener el libro cerrado

Sir Julius Caesar, juez inglés del siglo XVI, poseía esta singular biblioteca de viaje constituida por 44 libros de pequeño formato, todos encuadernados en pergamino con estampaciones en oro. Los libros de teología y filosofía estaban en la balda superior; los de historia, en la del medio, y los de poesía, en la de abajo. La caja estaba forrada de piel para que pareciese un libro.

Los libros son objetos portátiles y suelen desaparecer de las bibliotecas. Para evitarlo, en la biblioteca medieval de la catedral de Hereford, en Inglaterra, los libros estaban encadenados a una barra a lo largo de los anaqueles. Las cadenas iban sujetas a las cubiertas de modo que los libros estaban colocados en los estantes con el lomo hacia atrás.

Una biblioteca es una parte esencial de toda escuela o universidad. En el pasado no se permitía hablar en las bibliotecas para que los estudiosos se pudieran concentrar. Hoy, las bibliotecas de los colegios están animadas con el zumbido de los ordenadores y el rumor de los estudiantes haciendo trabajos en equipo.

Antes de que hubiera bibliotecas públicas, había que pagar para consultar libros en una biblioteca privada. En el siglo XVIII había bibliotecas para caballeros y, en el XIX, bibliotecas circulantes, de las que se podía uno llevar libros a casa. Las bibliotecas privadas eran populares en especial en los lugares de vacaciones y en los balnearios donde los veraneantes tenían más tiempo para la lectura. La de la izquierda era la de Margate, en la costa inglesa.

A comienzos del siglo XX, la lectura era la forma más socorrida de entretenimiento; pero hoy es un pasatiempo menos popular debido a la televisión. Las bibliotecas tendrán que cambiar para adaptarse a las necesidades de la gente que ahora quiere tener grabaciones, cintas y hasta vídeos, además de libros.

La Biblioteca Nacional de Londres es una de las mayores del mundo. Al igual que las de las principales capitales europeas, contiene no sólo libros y manuscritos, sino también periódicos, mapas, partituras, grabaciones sonoras y hasta sellos de correos. Sólo los libros ocupan 332 km. de anaqueles en forma de estanterías a las que el público no tiene acceso: el libro que desea se le lleva al lector a una sala de lectura. Por obligación legal, la Biblioteca Nacional recibe un ejemplar de todo libro que se publica en Gran Bretaña. Igual sucede en España y otros países.

Las bibliotecas ambulantes llevan los libros a quienes viven lejos de la ciudad y no pueden acudir a las bibliotecas. En el siglo XIX, los trabajadores podían tomar prestados libros de esta biblioteca tirada por una caballería.

Índice

A

abecedario, 14, 54
abrecartas, 56
acero, grabados en, 49
Alejandría, biblioteca de, 62
alfabetos, 14-19
  arábigo, 18, 59
  arábigo del sur, 18
  cirílico, 19
  cherokee, 19
  etrusco, 15, 16
  griego, 15, 16
  hebreo, 15, 16, 59
  fenicio, 14, 16
  osco, 6
  romano, 16-17
  rúnico, 18
  semítico, 14
  ugarítico, 14
Alicia en el país de las Maravillas, 55
almagre, 29
amanuenses, 29, 36, 56
ambulante
  biblioteca, 63
  librería, 61
anglosajones, 24
antimonio (metal), 37
anuncio (publicidad), 45
Apollinaire, Guillaume, 44, 49
árabes, 7, 18, 34-35
arcilla, tablillas de, 9
archivador, 57
archivos, 56, 57, 58
autor, derechos de, 61

B

Bach, J. S., 7
Bad Boy, jefe, 8
bambú, 22, 31
Beauvais, Vincent de, 29
bermellón, 29
Biblia, 24, 25, 43, 60
Biblioteca Nacional de Londres, 43, 55, 63
bibliotecas, 43, 62-63
Bilbibin, Iván, 48
birmanos, libros, 30-33
blancos (impr.), 38-39
Braille, alfabeto, 7
Buda, 33
buenaventura
  huesos de la, 11
  libros para la, 33
buhoneros, 60

C-CH

cabezal, 47
Caesar, sir Julius, 62
Cai Lun, 22
cajista, 38, 40, 42
calandria (prensa), 22-23
caligrafía, 7, 11, 51
  china, 6, 10-11
  islámica, 7, 34-35, 53
  occidental, 7, 51
  rusa, 53
cancilleresca, letra, 51
cancionero, 25
Cang Yie, 10
capitulares, letras, 24-27, 40, 42, 45
Carroll, Lewis, 55
Caxton, William, 40, 42
cepillo de alisar, 37
cera, tablillas de, 16, 24, 50
ceras de colores, 50
cerámica, 6, 13
cícero (medida), 38
cinabrio, 29
cirílica, escritura, 19, 53
Cirilo, san, 19
cochinilla, 29
códice, 21, 24-29, 30, 40, 42, 45, 46
coleccionistas de libros, 60-61
colofón, 43
colores, láminas de, 49
composición (impr.), 38-39
contrabando, 61
copistas, 21, 24-25, 27, 29, 36, 39, 43, 56, 57
copyright, 61
Corán, 34-35
cortaplumas, 56
corteza, 32
cosido (encuad.), 46
Creta, 10
cuadernillo (enc.), 46
cúfica, escritura, 34
cuneiforme, escritura, 9, 14
cuñas, 39
cursiva, letra, 44, 45

D

demótica, escritura, 12
devanagari, 32
divisa (de impresor), 43
Dufy, Raoul, 49

E

Eadwin, monje, 26
editores, 60, 61
Egipto, 12-13
encadenados, libros, 63
encuadernación, 46-47, 61
Enrique VIII, 21
escribas, 7, 8, 12, 13, 16, 18, 20, 28, 29, 30, 34, 35, 50, 51
escribanía, 53
escribientes, 7, 56
escribir, máquinas de, 58-59
escritura, aprendizaje, 50-51
escuadra (cantería), 17
escuelas, 50-51
eslavón eclesiástico, idioma, 19
espantamoscas, 29
espejo, escritura de, 53
estampadora en relieve, 57
estaño (impr.), 37
estilográfica, pluma, 53
estilos (de escribir), 9, 16, 17, 24, 30
etruscos, 15, 16
Eurípides, 6

F

Faistos, disco de, 10
fenicios, 14, 16
firmas, 52-53
forma (impr.), 39
forma (papel), 22-23
fornitura (impr.), 39
Froissart, Jean, 29
fundición, 37

G

galera, galerín, 38-39
gama de colores, 45
Gandhi, Mahatma, 53
Gill Sans, letra, 44-45
Gill, Eric, 45
glosa, 27
Gorleston, Salterio de, 24-25
gótica
  escritura, 28, 43
  letra, 43, 44
grabado, 7, 17
grana, 29
griego, 10, 15, 16, 50
guiones, 17
Guillermo I, 52
Gutenberg, Biblia de, 43
Gutenberg, Johannes, 36, 39, 40, 43-45

H

hebreo, 15, 16, 59
helvética, letra, 44
herbario, 26
Hewitt, William G., 7
hierática, escritura, 12-13
historiadas, letras, 24, 42
hititas, 11
hueso, 11

I

ibarra, letra, 44
ideogramas, 8
iluminados, manuscritos, 24-29
ilustrados, libros, 48-49
indias, escrituras, 32
indígenas norteamericanas,
escrituras, 8, 19, 53
indos, escritura de los, 8
infantiles, libros, 54-55
Isabel I, reina, 52
islámicos, libros, 34-35
itálica, escritura, 51

J-K

japonés, 31
jardinería, libro de, 48
jaspeado, papel, 23
jeroglíficos, 12-13
joi, 33
Knossos, 10

L

Lackington, James, 60
Lagash, 9
lápices, 50
lapislázuli, 29
latina, inscripción, 16
letra, tipos de, 44-45
libreros, 60-61
Libro de Horas, 24
Libro de los Muertos, 48
Libro de los Reyes, 35
Lineal B, escritura, 10
linotipia, 38
logotipo, 43, 61
lomo (del libro), 46, 47, 61, 63

M

madera, tiras de, 11
Mahoma, 34
manual, escritura, 52-53
Manuccio, Aldo, 42
manuscritos, 7, 18, 24-29, 30, 42, 48, 50, 55, 60, 63
marathi, escritura, 36-37
marco (de platina), 41
marfil, 11, 30
márgenes, 49
María Antonieta, 52
mármol (platina), 41
matrices (impr.), 37
mayas, 11
medicina, libros de, 26
mercaderes, 8, 14, 32, 56, 60
Mergenthaler, Otto, 38
Mesopotamia, 8-9
mezquitas, 34
Miguel Ángel, 52
minio, 29
mojón, 6
momia, etiqueta de, 12
monasterios, 24
molde (para papel), 22-23
molde (letra de), 37
monstruo, 25
móviles, libros, 54-55
música, 7, 21, 25
musulmanes, 34-35
Myengun, jefe, 8

N

nácar, 33
Napoleón I, 53
nasta'liq, escritura, 35
negrita, letra, 44, 45
Nelson, lord, 53
nervios (libro), 47

O

oráculo, huesos de, 11
oro, pan de, 29, 47
ortografía, 50
osca, escritura, 6
Osiris, 13
óstracon, 6, 13, 16

P

palatino, tipo, 44
palma, hojas de, 30
papel, 22-23
  molino de, 22
papiro, 12-13, 20
pergamino, 20-21
Pérgamo, 21
periódicos, 49
persa antiguo, idioma, 9
pictogramas, 8-9, 10-12, 14
pie (del libro), 47
pinceles, 10, 12
pizarra, 51
pliego (impr.), 46
pliego de cordel, 49
plomo (impr.), 37, 39
plumas
  de ave, 53, 57
  egipcias, 13
  modernas, 53
  romanas, 16
plumier, 51
plumillas, 51, 53
plumín, 53
prensa
  de encuadernar, 46-47
  de papel, 22-23
  de imprimir, 40-41
Prienne, 41
procesador de textos, 38, 57
punto (medida), 38, 44
punzón, 37

Q-R

Qur'an, 34-35
rama (impr.), 39
rdonda, letra, 44, 45
rodillo, 58
rollos, 6, 20, 21, 32, 42
romanos, 16-17
Rosetta, piedra, 12
rúbricas, 52-53
runas, 18
rupestre, inscripción, 8
rusa, lengua, 19, 53
rústica (encuad.), 61

S

saldos, 60
Salmos, 24, 28-29
Samarcanda, 22
secante, 56
secretaria, escritura, 27
seda, 31
sellos
  de cera o lacre, 8, 57
  de correos, 63
seminegra, letra, 44
semítico, alfabeto, 14
sobres, 56
sultán, signo del, 35
sumerio, 9
Sutra del Diamante, 42
Sutra del Loto, 31

T

talla, 7, 17
tapas (de libro), 46-47
taquigrafía, 57
Tauchnitz, editorial, 61
teclado, 38, 58-59
tela
  impresión en, 31, 33, 54
  libro de, 54
Times Roman, letra, 44
tinta
  china, 11
  egipcia, 12
  de imprimir, 39
  medieval, 26-27, 29
  occidental moderno, 51, 56
  romana, 16
tintero, 50-51
tina (papel), 22
titulares, 48
Tory, Geoffroy, 44
tugra, 35
tímpano, 41
tipográfica, caja, 38
tipo, alturas de, 38, 44

U-V-W-X-Z

Ugarit, 14
uncial, letra, 27
venta de libros, 60-61
Ventris, Michael, 10
Virgilio, 7, 42
Washington, George, 52
Wilkins, sir Charles, 36-37
Xátiva, 22
xilografía, 36, 42
Zapf, Herman, 44

Iconografía

s = superior; c = centro;
i = inferior; iz = izquierda;
d = derecha

Ancient Art & Architecture Collection: 8siz, 10ciz
Staatsbibliothek Bamberg: 21siz
Biblioteca Universitaria di Bologna/ Photo Rongaglia: 21ciz
Bridgeman Art Library/British Museum: 8c;
Louvre, París: 12iiz
Trinity College, Cambridge: 26id
Bibliothèque Nationale, París: 27sd
Bodleian Library: 51ciz
Fine Art Society: 60sd
City of Edinburgh Museum & Art Gallery: 60ic; 63sd

Camera Press: 10ic
E. T. Archive: 29iiz; 45sd; 45id
Mary Evans Picture Library: 7sd; 31ic; 38id; 39cd; 49iiz; 57iiz; 57id; 60ciz; 61siz; 62sd; 63c; 63iiz
Paul Félix: 7ic
Vivien Fifield: 59sd
Fotomas Index: 63ciz
Robert Harding Picture Library: 13ciz; 14sd; 18ciz; 20ciz; 34c
Michael Holford: 13sd
Peter Newark's Pictures: 36siz; 39ciz; 41id; 50cd
Pitkin Pictorials: 63siz
Stapleton Collection: 23s; 23c; 37cd; 49sd; 52ic; 60iiz
St. Bride Printing Library: 45sd; 45iiz
ZEFA: 7c

Han colaborado:

Los siguientes funcionarios de la British Library: Jane Carr, David Way, Kathy Houghton, Alan Sterenberg, Ann de Lara, Angela Roach, Janet Benoy, Frances Ash-Glover, Janet Backhouse, Michelle Brown, Scot McKendrick, Julian Conway, Mike Boggan y el equipo del Department of Manuscripts Photographic Administration; Frances Wood, Yu-Ying Brown, Yasin Safadi, Brad Sabin Hill, Jerry Losty, Muhammed Isa Waley, Annabel Gallop, Patricia Herbert, Henry Ginsberg, Linda Raymond, Peter Lawson, Chris Thomas, David Paisey, John Barr, Elizabeth James, John Goldfinch, Marcella Leembruggen, Graham Jaffcoate, Geoff West, Philippa Marks, Mike Western, Roy Ruseell, Brian Russell, Ken Roullier y Graham Marsh.

Contribuyeron asimismo John Hutchinson, Anna Kruger, Jabu Mahlangu, Gavin Morgan, James Mosley, Andrew Nash, Jim Rain y David Sinfield; y Nick Nicolls y Peter Hayman, de The British Museum, con fotografías especiales.

Barbara Brend revisó el texto inglés.